A Travessia do Trágico em Análise

Ilustração da capa:

GREEN, RICHARD; HANDLEY, ERIC — *Images of the Greek Theatre* — British Museum Press, 1995

Mauro Pergaminik Meiches

A Travessia do Trágico em Análise

Casa do Psicólogo®

© 2000 Casa do Psicólogo Livraria e Editora Ltda.
É proibida a reprodução total ou parcial desta publicação, para qualquer finalidade, sem autorização por escrito dos editores.

1ª edição
2000

Produção Gráfica
Valquíria Farias dos Santos

Revisão Gráfica
Miriam Moreira Soares

Editoração Eletrônica
Helen Winkler

Capa
Yvoty Macambira

Dados Internacionais de Catalogação na Publicação (CIP)
(Câmara Brasileira do Livro, SP, Brasil)

Meiches, Mauro Pergaminik
    A Travessia do trágico em análise / Mauro Pergaminik Meiches.
— São Paulo: Casa do Psicólogo, 2000.

ISBN 85-7396-071-X

1. Psicanálise 2. Tragédia — Teoria 3. Tragédia grega — História e crítica 4. O trágico I. Título.

00-0691   CDD-150.195

Índices para catálogo sistemático:
1. Trágico em psicanálise: Psicologia 150.195

Impresso no Brasil
Printed in Brazil

Reservados todos os direitos de publicação em língua portuguesa à

Casa do Psicólogo® Livraria e Editora Ltda.
Rua Mourato Coelho, 1059
05417-011 São Paulo SP Brasil
Tel. (11) 852.4633 Fax: (11) 3064.5392
e-mail: casapsi@uol.com.br
http://www.casapsicologo@uol.com.br

Sumário

Agradecimentos 7

Prefácio 9
*Sobre o Trágico em Psicanálise:
estranhamento e vertigem* 9

Apresentação 15

Capítulo I: Presente de Grego 19
1. Introdução. 19
2. Uma conceituação minimamente suficiente. 21
3. Aristóteles, a catarse, o conhecimento através da dor. 36
4. O assunto de família. A culpa. 50
5. Édipo e a questão da linguagem. 74
6. Ser psíquico, ser coxo. 86
7. A condensação. Unidade de tempo. 90
8. A cidade como outro analógico do sujeito psíquico. 94
9. O desenho do cultural nos escudos dos heróis. 97
10. Platão, a crítica ao trágico e um pior que a tragédia. 99

Capítulo II: Passagens Trágicas na Clínica Psicanalítica 107

Capítulo III: Uma Aproximação ao Páthos Trágico 125
1. Introdução. 125
2. O universo trágico de Nietzsche. 129
3. O apolíneo e o dionisíaco. 131
4. O páthos. 135
5. O mito. 139
6. A tragédia e a alegria trágica. 140
7. Uma outra leitura de "As Eumênides". 143

8. A contraposição a Aristóteles. *145*
9. Freud e Nietzsche. O trágico metaforizando o analítico. *148*
10. A metáfora. *155*
11. A profundeza. O recalque. *156*

Capítulo IV: Identificação, Identidade e Travessia do Trágico **163**

Conclusão **179**

Bibliografia **181**

AGRADECIMENTOS

Este livro foi originalmente uma tese de doutorado, elaborada no Núcleo de Psicanálise do Programa de Estudos Pós-Graduados em Psicologia Clínica da PUC-SP e defendida em março de 1998. Para escrevê-la contei com uma bolsa do CNPq, instituição a quem ora agradeço.

A Renato Mezan pela orientação deste trabalho e pelos anos de intenso convívio intelectual e afetivo.

Aos professores Jeanne-Marie Gagnebin, João Frayze-Pereira, Alfredo Naffah, Miriam Chnaiderman, Chaim Samuel Katz, cujas observações nos exames de qualificação e final, tiveram importância decisiva na estruturação e correção de algumas idéias aqui expostas.

A Mary Ono, supervisora que acolheu os casos clínicos que compõem o texto.

A Luís Cláudio Figueiredo pela amizade e inúmeras oportunidades de conexão intelectual.

Já se passaram dois anos desde o ponto final do texto. A todos os amigos daquela época e aos novos, incluídos aí alunos (uma parte nova e importante na minha vida), vai também um caloroso abraço.

À FAPESP por mais esta colaboração na publicação de um livro meu.

PREFÁCIO

Sobre o Trágico em Psicanálise: estranhamento e vertigem

João A. Frayze-Pereira

Se o trabalho da leitura é retomar o trabalho feito pelos outros como matéria-prima de nossa própria interrogação, como escreveu Claude Lefort, fazendo "o enterro de seu próprio saber" e "aprendendo graças a esse enterro", Mauro Meiches é um grande leitor: diante de um "presente de grego", não tenta destruí-lo com abstrações, nem se deixa destruir por ele, limitando-se à repetição do que já se sabe. Aceita-o com a liberdade dos que pensam, desde Ésquilo, que não há conhecimento sem dor. E faz desse dom originário o ponto de partida e o campo próprio para o exercício daquele tipo de curiosidade que, segundo Michel Foucault, está na base de toda atividade filosófica, aquele tipo de curiosidade que faculta o descaminho daquele que conhece, aquele tipo de curiosidade que renuncia à idéia de haver nas coisas mesmas um sentido positivo, inteiramente determinado e prometido ao conhecimento. Parece-me que essa errância é a que este belo ensaio – *A Travessia do Trágico em Análise* – abre: é um trabalho em todos os seus tempos de Psicanálise e de Filosofia, de Clínica e de Teoria. É um livro que claramente se faz pelo movimento do pensamento do autor, "fazendo a experiência da impossibilidade de uma clausura do saber" (Lefort).

Na amplitude do texto, na horizontal, a travessia do trágico dá-se a partir das relações entre a leitura que fazem dos gregos os helenistas franceses (sobretudo Vernant, Naquet e Nicole Loraux) e a leitura de Nietzsche. Tal grande polarização teórica (capítulos I e III) cria uma série de oposições mais internas às próprias leituras, como, por exemplo, *pólis/páthos*, civilização/libido, representação/afeto, regra/ excesso, que vão sendo dialetizadas por meio de mediações clínicas (capítulos II e IV), sempre vistas pela ótica do trágico – o que é justificado fazer, dada uma certa concepção de Psicanálise a que o livro aponta na p. 135: "passagem de um lugar a outro". Nesse percurso, Mauro Meiches constrói com notável agilidade intelectual uma estrutura que acaba articulando muitas questões, uma das quais triunfa sobre as outras e se impõe. Quer dizer, logo no início (p. 12), o autor afirma que o trágico depende de interpretações; portanto, entendese que o trágico se particulariza com as interpretações. Nessa mesma página, entretanto, o trágico é apresentado como "categoria ou princípio filosófico que ultrapassa a sua concretização na tragédia grega, podendo manifestar-se em todo tipo de linguagem artística e filosófica"; portanto, podemos pensar que o trágico também se inscreve na linha do universal. E lendo o trabalho com essa proposição inicial (colocada não sei se intencionalmente ou não), o leitor é instigado a pensar como irá definir-se, no curso do livro, a relação entre o particular e o universal no tocante ao trágico e, por implicação, à Psicanálise.

Por exemplo, em um momento é a cidade, uma cidade específica, a *pólis*, que aparece como outro analógico do sujeito psíquico (p. 117). Em outro momento, bem mais adiante, surge o Uno primordial, o inominável que se manifesta a nós pela mania, encarnação da *hybris* (p. 164). Se o herói trágico é castigado pelos deuses – isto é, a grandeza do herói é conseqüência da grandeza de sua falta, da *hybris*, pecado capital que acarreta castigo divino – é a mania justamente o que destaca o herói dos outros personagens (pela mediação do sobrenatural). Ele é essencialmente marcado por atos de transgressão que, segundo análise de Filomena Hirata Garcia, questionam a *polis* (como em *Édipo-Rei*) ou *oikos* (como em *Medea*), que opõem o *oikos* e a *polis* (como em *Antígona*) ou que negam o *oikos* e a *polis* (como nas *Bacantes*). Mauro escreve: "o que a cidade/ sociedade recusa permanece dentro dela no recôndito de cada cidadão: o selvagem, o fraticida, o parricida etc, etc. É por isso que podemos padecer o espetáculo de uma forma que nos aproxima do grego da época clássica" (p. 24).

Mas, a partir dessa questão que aponta para uma essência, o leitor pode abrir uma outra que seria a seguinte: em que medida não é a "forma estética", o particular da tragédia, o que nos permite a entrada no trágico. Helène Cixous, por exemplo, em um texto intitulado *La communion des douleurs*, argumenta a favor dessa tese, analisando não os chamados "heróis trágicos", mas justamente esse inominável, Personagem sem Nome dessas narrativas, que é figurado no coro. É um personagem que não mata, que não é morto, que não transgride, que não é castigado, que não é escolhido por qualquer divindade... Sem nome, porém sempre lá, é fundamental na tragédia grega, pois nada existe sem ele. Por meio do coro é impossível tomar partido: a dor de um é a dor de todos. O destino do herói não é individual – é o de sua linhagem, o de sua cultura. Há uma forma estética precisa que define uma espécie de "teatro cunvulsivo", como escreve Helène Cixous. Pelo coro, a tragédia nos põe a todos em cena, inclusive os psicanalistas.

Ora, o coro vai desaparecer depois dos gregos. Não há coro em Shakespeare, nem em Racine. O que há, é uma outra "forma" do trágico. Na tragédia moderna, sabe-se que o herói está desde o início em guerra com ele mesmo, o drama é interiorizado, tornando-se um drama subjetivo.

Na tragédia moderna, o conflito é centrado no indivíduo. Por exemplo, se comparamos Hipólito de Euripides e Phedra de Racine, percebemos que no primeiro não há conflito moral. O que há é um conflito entre as prerrogativas de Artemis e Afrodite e não entre mortais. Já a Phedra moderna, ao contrário, é um personagem que se encaminha solitária para a autodestruição. Contrariamente ao trágico grego, o herói moderno é um personagem solitário – seu comportamento simbólico mais expressivo é o silêncio, a dor não compartilhada, exatamente o oposto do que ocorre no teatro grego.

No entanto, apesar das muitas diferenças que se podem estabelecer entre as formas trágicas clássica e moderna, há um ponto que pode permitir uma aproximação. Ou seja, "na raiz da tragédia moderna, fomentando seu crescimento, encontra-se a experiência fundamental da época que é a sensação de ambigüidade de todas as coisas. Modernamente, uma situação é trágica não porque envolve sofrimento, sacrifício e morte, mas porque não permite nenhuma atitude simples e direta, porque tal curso de ação possível conduz a um emaranhado de certo/errado, culpa/inocência, compulsão/ liberdade de escolha. A tragédia tornou-se uma forma de arte maneirista em virtude do dualismo de sua perspectiva – as raízes firmes do herói nessa vida terrena e sua simultânea insatisfação com ela, seus interesses e suas ambições mundanas, por um lado, e, por outro, sua nostalgia ultraterrena e metafísica" (Hauser).

Bem, a *ambigüidade* é uma característica do trágico grego, como mostra Vernant, e da tragédia moderna, como se vê em Hauser, e do ofício do psicanalista, como diz Mauro Meiches. E à *ambigüidade* está relacionada a questão da *transitoriedade das formas* conforme se apresenta na p. 119.

Portanto, ambigüidade e transição são os termos que podem aproximr as formas trágicas, e estas e a forma psicanalítica: são formas que definem uma passagem, passagem de um tempo a outro, de uma posição temporal a outra. É nesse sentido que, podemos entender, o trágico se coloca como metáfora da análise, pois ambos encerram uma certa maneira de trabalhar com a questão do tempo, questão que neste livro é explícita desde o título: "A Travessia do Trágico...".

Assim, pensando na concepção da psicanálise como *travessia*, como passagem trágica, transição de um lugar para outro, como "destruição dos lugares simbólicos que a vida obriga e a análise facilita", a temporalidade pode ser interpretada não exatamente como passagem de um ponto a outro, ou de um agora a um outro, mas como autodiferenciação de um modo de existência – temporal – do presente; como mudança ou metamorfose de um campo ou de um mundo em permanente transformação (isto é, como passagem de si a si, ou, como diria Merleau-Ponty, "escoamente de si para si mesmo"). E esta, parece-me, é a estrutura do tempo, tal como este trabalho permite pensar, isto é, como articulação e diferenciação latente do passado e do futuro no campo do presente, pois este guarda os traços de suas configurações passadas e evoca em si mesmo outros possíveis. Por isso a temporalidade jamais será encontrada na sucessão de diferentes momentos e instantes (como a expressão da análise como passagem de um lugar a outro permitiria erroneamente supor), mas manifesta-se concretamente "na simultaneidade de uma presença espessa, movediça, permeada pelas marcas de um aquém e projetada pelos sinais do ausente inscritos nas suas dobras. Esta abertura, inscrita no presente, pode ser entendida como o elemento próprio do tempo, pois motor de sua contínua diferenciação", como escreveu Sergio Cardoso, ou como diria Merleau-Ponty pensando nos pré-socráticos. Neste trabalho, parece-me, o que permite ao autor escapar de uma interpretação do trágico como uma transição de formas entendidas como *sucessão*, ainda que metaforizadas, é o conceito de identificação tal como aparece nas pp. 228, 230 e 231. Nessa direção, Mauro Meiches conclui: "acabamos por encontrar com a travessia da análise, não a identidade, mas identificações que nos liberam de uma só imagem identitária...". Ora, a relação entre identificação – desidentificação, tematizada nas páginas finais do trabalho, aproxima mais ainda este texto da análise sensível que Merleau-Ponty faz da experiência da desilusão, ruptura de uma significação estabelecida ou de alguma constelação de sentido. Assim, a travessia do trágico em análise, parece-me, é a tematização da passagem de uma configuração a outra de sentido no interior de um mesmo campo de transcendência ou, como designaria Merleau-Ponty, "campo de presença" – campo aberto e poroso, indeciso e lacunar, ambíguo, em cujos inacabamento e indeterminação se encontra justamente a sua destinação para o outro, para o ausente, ou, ainda, para usar outra expressão recorrente em Merleau-Ponty, para o invisível, "a contrapartida secreta do visível, inscrita nele em filigrana". A travessia do trágico, portanto, não é distanciamento de um lugar e aproximação a outro, movimentos que implicam deslocamentos determinados entre mundos ou situações distintos, mas, ao contrário, tal travessia, porque é trágica, significa em análise que o movimento de um lugar para outro é o da sua diferenciação e transformação interna, portanto, uma travessia que realiza alguma síntese, esta será sempre uma "síntese de transição" (Merleau-Ponty). Trata-se de uma travessia, de uma aventura, que é do próprio fluxo temporal, de sua indeterminação de princípio, acompanhado de suas implicações necessárias: estranhamento e vertigem da desfiguração.

Não sei se os leitores desta "Travessia..." concordarão inteiramente com esta minha leitura, mas é assim que eu percebo a perspectiva delineada pela reflexão do autor, é assim que eu percebo uma possibilidade de relação entre o particular e o universal, como complementaridade e não como oposição. E é também assim que eu entendo a travessia na Psicanálise.

APRESENTAÇÃO

Este trabalho, que constrói uma intersecção entre tragédia e psicanálise, nasceu de uma indagação surgida ao final do livro Uma Pulsão espetacular, quando examinei pela primeira vez a teoria do trágico. Naquela época, escrevi a respeito do projeto de encenação de As Bacantes, do grupo Uzyna-Uzona, sucessor do Teatro Oficina de São Paulo. Nietzsche fazia parte do ideário dessa encenação, especialmente O Nascimento da Tragédia. Foi nessa obra que li a respeito da consolação metafísica que a experiência trágica poderia propiciar ao seu espectador, idéia que, aprendi depois, não se mantém nos últimos escritos do filósofo. Porém, ela permaneceu pulsando em mim, provocando esta tese, em um ponto crucial de meu ofício de psicanalista. O que faria alguém procurar uma análise? E quais os ganhos desta experiência? O que se passa em uma análise?

Evidentemente, não há uma resposta única para essas questões. Felizmente até. Mas a percepção de que algo se ganha em análise, porque enlutamos por alguma coisa, gerou essa aproximação entre os dois campos.

Não parece fácil para um psicanalista situar a teoria que sustenta seu trabalho clínico na história das idéias por que passou a cultura ocidental. É de se frisar que isto tem sido cada vez mais ventilado, especialmente no ambiente acadêmico, no qual são produzidas, em número crescente, teses e dissertações que conectam a psicanálise a outros campos do saber. Mas para alguém em formação, a reificação e posterior entronização do saber analítico são caminhos comuns e que podem ocorrer facilmente. Eles passam a existir isoladamente e os discursos que nele se sustentam percorrem um itinerário que fica mais e mais evidente e repetitivo.

Isto parece paralisar o pensamento, seja ele clínico, seja sobre uma teoria da cultura que tem a psicanálise como esteio. Juntar os dois campos neste trabalho decorreu de um desejo imperioso de lidar com os textos psicanalíticos de um jeito melhor inspirado. Por exemplo, não é fácil comentar o Complexo de Édipo sem cair em um semnúmero de formulações repetitivas. Queria, e aqui penso ter conseguido, explorar algo que não é novidade mas que oxigena a tradução desses assuntos. Isto é próprio da atividade de pesquisa.

É espinhosa a tarefa de escrever um texto que se propõe pensar o trágico e a tragédia, esta sendo o berço daquele, para depois conectá-los à psicanálise. Há muitas possibilidades de conexão: algumas entradas já foram estabelecidas desde Freud. O difícil é fazer um recorte suficiente, pois trata-se de um assunto gigantesco em termos de literatura. Em todas as bibliotecas ocidentais encontrar-se-á vasto acervo a respeito da tragédia, seus autores, história, filosofia.

Tomei comentadores que estavam à mão, na tradição dos estudos sobre o assunto: Vernant e Naquet principalmente e, claro, os textos teatrais. Depois o leque abriu-se, mas obviamente ele é pequeno para tanta produção. O procedimento foi então o de garimpar temas que falassem quase diretamente da situação clínica, ou de algo que ess\a situação examina. Mas seriam temas clínicos ou temas da vida que uma análise certamente vai acolher como seus?

As duas coisas me parece. E Freud também serviu de farol para este recorte: seus comentários apoiados em uma história da tragédia, suas reflexões sobre uma teoria da cultura que faziam referências ao universo trágico e, inescapável, a teorização do Édipo.

Portanto, o que o leitor encontrará, em um primeiro momento, são temas levantados ao longo dos estudos sobre a tragédia e sua articulação com as concepções que vêm do universo psicanalítico. Procuro estabelecer uma conceituação que leva em conta o contexto de seu surgimento e operação para depois trazê-la, de diferentes maneiras, para o universo da psicanálise, especialmente o da clínica psicanalítica.

Não somente os estudos helênicos foram os guias de investigação. A teoria do trágico em Nietzsche, como apontei antes, foi o disparador de todo esse esforço. Muitos filósofos, por limitações de tempo e de propósito, foram deixados de lado. Não se trata de um tratado sobre a tragédia e sim de uma aproximação desta com a psicanálise.

E essa aproximação deu-se, posso ver isto depois de terminado o texto, de duas maneiras principais: *estabelecendo analogias e construindo metáforas*. Ao longo do texto oscilo entre estes dois tropos de linguagem e, curiosamente, isto segue de perto o tom das literaturas percorridas. Em um primeiro momento, os dramaturgos, os helenistas, Aristóteles e Platão, são os esteios para o estabelecimento de analogias: como se eles *ilustrassem*, em um grande espelho histórico-conceitual, algumas coordenadas que sustentam o edifício do saber psicanalítico. Em um segundo tempo, Nietzsche, com sua escrita nada analítica, cria possibilidades de construção metafórica; na verdade, ele traduz a gama sentimental que vige amplamente quando nos defrontamos com as situações prenhes de afeto da sessão analítica. É, por tudo isto, uma escrita poética, de afinidade perturbadora com a dramaturgia trágica. Se pensarmos em suas proposições fatalmente seremos levados a sair do lugar, a tentar habitar outros sítios, ver outras paisagens, tal o grau de sugestão que esta escrita comporta. O tom de seus comentadores também guarda este pulsar do qual brota uma força violenta de transporte, definição primeira de metáfora.

Assim, o texto vai-se constituindo, tecendo-se de fragmentos que estão de alguma maneira relacionados com o propósito geral do trabalho. Para cunhar a travessia do trágico, coloco em foco a noção de identificação, central em toda a teoria que estrutura um sujeito em psicanálise, e a faço trabalhar segundo pressupostos que vêm do campo da tragédia. Afinal, esta também reflete diretamente sobre a estruturação do homem no decorrer de sua atribulada história de vida.

Quanto à organização do texto, no capítulo inicial, os condutores da reflexão serão os dramaturgos, os helenistas, Aristóteles e Platão, cuja leitura, de certa maneira, "racionalizou" minha compreensão do fenômeno trágico.

A seguir, realizo a leitura de alguns casos clínicos sob a ótica do trágico, propondo, como um dos vértices de sustentação da argumentação, a destituição dos lugares identificatórios que a vida obriga e a análise facilita (esse termo deveria figurar com múltiplas aspas).

No terceiro capítulo, busco no universo de Nietzsche, uma tradução deste elemento essencial à teoria da tragédia que é o *páthos*, algo semelhante ao conceito de libido em Freud, sem o qual nada funciona, nada se move.

No quarto capítulo, final, retomo essas duas maneiras de ler o fenômeno trágico para traduzi-las na operação do conceito psicanalítico de identificação que, pela sua posição na constituição do sujeito psicanalítico, fala dessas passagens trágicas que experimentamos em análise.

> *"Não, eu é que vou ler-lhe a história da mula, venha para dentro, É comprida, É como tudo, pode ser dita em dez palavras, ou em cem, ou em mil, ou não acabar nunca."*
>
> José Saramago

Capítulo I:
Presente de Grego

1. Introdução.

Por que um psicanalista se interessaria pelo trágico, um sentimento do mundo que começou a se formar já há muitos séculos? Na psicanálise, desde Freud, há uma influência manifesta desse interesse que até conforma de maneira decisiva muitas elaborações conceituais. Acompanhar o desenvolvimento de temas na história mítica narrada pelas tragédias é ver desenhar-se à nossa frente o percurso de um adestramento pelo qual também passamos e passaram todos os homens, em diferentes épocas, de diferentes maneiras. No entanto, para responder brevissimamente à pergunta, diríamos que o trágico, pensado aqui a partir de sua manifestação princeps na tragédia grega, desenha para o psicanalista, entre tantos outros saberes, uma *interpretação do estabelecimento do cultural*. E o faz, pela primeira vez, em uma ambiência que discutia imperiosamente o que era viver em uma nova forma de sociedade. Por esse caráter inovador, propelido pelas forças da história, a invenção aí esteve presente de maneira quase absoluta. Ela estabeleceu uma versão mítica inédita e multifacetada, que estende seu domínio legislador e interpretativo até nossos dias. Obedecemos a tabus que tiveram tratamento estético no mesmo berço do sentimento trágico, estetização que marca nossa obediência atual de maneira evidente.

Para Ricoeur[1], a tragédia grega é a manifestação "inteira da essência do trágico; compreender o trágico é repetir o trágico grego não como um caso particular da tragédia, mas como a origem da tragédia, isto é, simultaneamente, seu começo e seu surgimento autêntico". Para ele, toda outra tragédia seria análoga a esta, que funcionaria então como farol a delimitar uma definição precisa mas polissêmica que se estende ao longo da história humana.

Evidentemente, as formas da história transformaram-se, bem como as práticas sociais que se organizaram e ultrapassaram de diferentes maneiras os preceitos legislados pelos tabus e desenvolvidos esteticamente nas tragédias. O trágico mesmo teve diferentes versões. Porém, esse debate e suas realizações correlatas nunca deixaram de ser assediados por um sentimento de mal-estar, que pareceu e continua a parecer irremediável.

O segundo motivo pelo qual o trágico interessa ao psicanalista vem da sua conformação primeira na tragédia grega, que é uma aula magna a respeito da *ambivalência*. Em muitos níveis, mas veiculada de maneira absoluta no jogo da língua, a ambivalência é a mola fundamental que faz funcionar um efeito de irresolução, fundante do trágico junto com o sentimento de caminho sem volta, até um limite paroxístico. Com as coisas acontecidas sempre por decifrar-se e nunca plenamente resolvidas, fica fácil apontar o sentimento de efemeridade que sugere uma base tão movediça. O trágico discute sem cessar esse sempiterno movimento das formas: na escritura do texto que o estabelece, na sua própria tessitura, na constituição de sua definição. E acaba por colocar-se fatalmente como mais uma forma que passa. Só que, ironias do destino (que veremos ser uma categoria fundamental em todo este campo de conhecimento), ele passa a indicar também esse lugar de passagem e transformação. Falar de transformação, da transitoriedade de qualquer forma é, intrinsecamente, nomear o trágico. Ele torna-se, dessa maneira, quase

---

1. Ricoeur, P. Finitude et culpabilité. La Symbolique du mal. Paris: Aubier/Montaigne, 1960, p. 198.

onipresente, embora sua presença nem sempre se faça sensível; ele nomeia o funcionamento de uma condição, que é humana porque é também uma condição do discurso que define o homem, atingindo assim um grau supremo de ambivalência.

À superação das formas corresponde um desejo de permanência, talvez gerado em meio à percepção do movimento irrefreável das coisas do mundo. A discussão trágica entre os tempos novos e antigos, sua convivência possível, desejável para que se estabeleça a marca de um percurso humano transmissível através das gerações, exala, com profusão, uma atmosfera de mal-estar. É, em um grande espelho estético e histórico, uma discussão análoga àquela que uma análise instaura: nela digladiam o velho e o novo, a luta pela preservação ou transformação de algumas marcas; o ajuste necessário e de antemão temporário com as constelações que não param de surgir.

Carecemos, todavia, de uma definição melhor do que seja o trágico. É o que tentaremos empreender no texto que segue, alertando o leitor que se trata de uma série de conformações históricas polimórficas. Portanto, ao final, esperamos contar não com uma definição, mas com um esboço relativamente nítido das coisas, formas e assuntos trágicos, que nos remetam quase imediatamente para o universo da clínica psicanalítica.

Será possível, por meio de discursos radicalmente diferentes, porém análogos no desenho de um percurso, repor a discussão da psicanálise sem a camisa de força do dogma, seja ele um ou muitos?

A ver.

2. Uma conceituação minimamente suficiente.

O trágico é um conceito que surge a partir de uma forma estética. A tragédia ática, na Grécia do século V a.C., é a manifestação princeps desse sentimento que atravessará a história até os nossos dias, partilhando semelhanças e ganhando contornos diferentes conforme as épocas. No entanto, o trágico, como categoria estética ou princípio filosófico, ultrapassa sua concretização na tragédia grega, podendo manifestar-se em todo tipo de linguagem artística e filosófica.

Algo, para ser considerado trágico, depende de uma *interpretação*. No senso comum, diríamos que as coisas acontecem tragicamente quando elas são *catastróficas*. Não há nisso erro, apenas redução. Esta, porém, é nossa prática discursiva atual, cotidiana. A referência ao trágico é uma interpretação que se cola adjetivamente, interpretação que tem uma tradição milenar; ela designa esse lugar do pior, do mais terrível que poderia ocorrer a alguém. Proporemos distinguir aqui dois momentos: o do evento e o da adjetivação, pois assim poderemos pesquisar a conformação de um tal lugar, do trágico, e aquilo que ele passa a designar para o mundo, nas mais diferentes épocas.

A escalada histórica da idéia de trágico, a partir de inúmeras interpretações que sofreu e continua a sofrer, já diz algo dela mesma. Na maioria das vezes, foi pensada como uma espécie de essência, de conteúdo profundo e verdadeiro que reveste a condição humana, em qualquer tempo da história, conteúdo que sinaliza um *conhecimento adquirido através da dor*. Como fala de um pior sempre a nos espreitar, o trágico foi aplainado em suas possibilidades múltiplas de significação, para reduzir-se quase somente à vivência catastrófica. E isto para ele é pouco!

A catástrofe, momento decisivo para alcançar o efeito do espetáculo trágico grego, passagem na qual o paroxismo sentimental ante a perdição do protagonista atinge um ponto culminante, ocupou, por isso mesmo, um lugar de visibilidade absoluta. Ela ofuscou com seu brilho o esforço fundamental que ainda restava ao espectador de, segundo Jaeger, ascender "do sentimento à reflexão, do afeto trágico ao conhecimento trágico".[2] O trágico estaria ligado intrinsecamente a esse trabalho de conhecimento que passa inexoravelmente pela dor. Sentir não seria suficiente para definir uma condição trágica; é preciso também *sabê-la* trágica.

O que exatamente dói? Em uma resposta sucinta, diríamos que é a nova situação do homem. Na tragédia grega, "o herói deixa de se apresentar como modelo, como era na epopéia e na poesia lírica: ele tornou-se problema".[3] Aproximando um pouco mais o nosso foco, não se trata de uma situação em que o homem tem problemas a resolver – isto seria evidente e comum – mas de uma situação em que *ele* é o problema, e não há como deixar de sê-lo. Em uma tradução moderna da proposição trágica, de uma vez para sempre, o homem estaria condenado a lidar com o sentimento de mal-estar próprio de quem já sabe que terá, para viver sob qualquer forma de organização

---

2. Jaeger, W. Paideia. Trad. Artur M. Parreira. São Paulo: Herder, 1936, p. 290.

3. Vernant, J.-P. e Vidal-Naquet, P. Mito e tragédia na Grécia antiga. Trad. Bertha Halpern Gurovitz. São Paulo: Brasiliense, 1991, v. 2, p. 91.

humana, de adquirir o conhecimento que possibilite a convivência com outro homem: isto implica regras e proibições para aquilo que todos sabem ser próprio do homem.

Um exemplo tirado diretamente da dramaturgia trágica nos fala disso. Ao final de sua trilogia sobre a saga dos Átridas, Ésquilo transforma as Fúrias/Erínias/Coéforas[4], deusas de uma ordem antiga que velam sobre os crimes de sangue cometidos em família, em Eumênides. A passagem refere-se ao seguinte: em sua primeira forma, elas perseguem Orestes por este ter matado a própria mãe, Clitemnestra; os motivos de traição, adultério e assassinato do marido Agamêmnon, pai do herói, que pesavam sobre ela, bem como o fato de estar cumprindo uma ordem de Apolo, deus de um tempo novo, alegados por Orestes, não importam para essas divindades ancestrais, predecessoras da teogonia olímpica. Elas chegam mesmo a dizer que entre marido e esposa "Não se derrama o mesmo sangue nesse crime".[5] Elas cuidam tão-somente dos crimes cometidos em família. E exigem a morte de Orestes para vingar o sangue da mãe; essas divindades revelam um verdadeiro horror à possibilidade de o crime ficar impune.

A parte final de As Eumênides é um julgamento presidido por Atena – também deusa dos novos tempos, pertencente à teogonia olímpica –, em que de um lado se encontram as Fúrias e de outro Apolo; os cidadãos de Atenas, no Areópago, votam pela primeira vez a absolvição ou não de um réu acusado de homicídio. A peça descreve uma situação inteiramente nova na experiência da cidade. Grande momento. Há empate e o voto de Atena (voto de Minerva) decide a favor de Orestes. As Fúrias, ultrajadas, falam de uma profanação da lei antiga e maldizem os novos deuses. Atena, diplomaticamente, argumenta e convence o coro de Fúrias a permanecer na cidade, ocupando um lugar proeminente ao lado de outros deuses: uma composição ao sabor dos novos tempos. Há a promessa de que serão reverenciadas por todos os cidadãos, isto é, manterão algum poder sobre a vida na *pólis*. Este jamais será o mesmo que tiveram e que a segunda e terceira peças da trilogia descrevem de maneira soberba. Após muita relutância, elas aceitam e transformam-se em Eumênides.

De seu novo lugar, continuarão a vigiar a cidade, impedindo os crimes fratricidas. Seu sentimento, porém, mudou. Não é mais en-

---

4. As Coéforas é o nome da segunda peça da trilogia.
5. Ésquilo. Oréstia. Trad. Mário da Gama Kury. Rio: Zahar, 1991, v. 277, p. 152.

quanto fúria, mas como bênção que elas farão parte da lei da cidade. Uma nova cidade não pode comportar crimes de morte entre os seus; ela deve combater sobretudo inimigos externos invasores. Essa virada na maneira de desempenhar a função, contudo, carrega sua dose de pessimismo: a cidade é outra, mas, no íntimo de seus cidadãos, o desejo fratricida pode voltar a dominar. É necessário vigilância, que cria um compromisso entre a nova e a velha ordem.

Sobre essa peça escrevem Vernant e Naquet:
"Nas Eumênides, a oposição entre a natureza selvagem e a civilização (...) vai aparecer em plena luz e desembocar no mundo político. É só em aparência que deixamos o mundo dos homens para ver o afrontamento entre os deuses. Pois é mesmo do homem e da cidade que em última instância se vai tratar."[6]

Ao longo da leitura destes e de outros helenistas, surge para nós a idéia de que uma analogia a partir do mundo grego para as coisas da psicanálise pode ser estabelecida tendo como centro não apenas o herói trágico, como habitualmente se faz. Um outro analógico, cujos passos são por vezes gritantemente semelhantes à idéia de um sujeito psíquico, é a cidade que se constitui na tessitura da trama trágica. Ela é o lugar de onde emerge toda a interrogação que o espetáculo teatral veicula, e, mais do que isto, a vida em seu interior é o meio cultural que demanda uma estetização dessas inquietações. Em outros momentos do texto, lançaremos mão dessa analogia, que nos parece extremamente fecunda.

Segundo Nestle, a tragédia nasce "quando se começa a ver o mito com o olhar do cidadão".[7] Nessa guinada do olhar tanto o mito quanto a cidade perdem a consistência de seu suporte para entrar em um mundo em que tudo passa a ser questionável.

"Mesmo no mais otimista dos Trágicos, em Ésquilo, a exaltação de um ideal cívico, a afirmação de sua vitória sobre todas as coisas do passado, tem menos o caráter de uma verificação, de uma segurança tranqüila, que de uma esperança e de um apelo onde a angústia (grifo meu) jamais deixa de estar presente, mesmo na alegria das apoteoses finais. Uma vez apresentadas as questões, para a consciência trágica não mais existe resposta que a possa satisfazer plenamente e ponha fim à sua interrogação."[8]

---
6. Vernant, J.-P. e Vidal-Naquet, P. Mito e tragédia na Grécia antiga. Trad. Anna Lia de A. Prado et alli. São Paulo: Duas Cidades, 1977, v. 1, pp. 122 e 123.
7. Apud. Vernant e Naquet. Op. cit., v. 2, p. 161.
8. Vernant e Naquet. Op. cit., v. 1, p. 20.

A cidade sofrerá todas as transformações originadas no movimento da história. E seguirá um caminho de ajuste entre coisas novas e antigas, lastreando para os cidadãos o sentido de um pertencimento. Para alcançá-lo, pouco ou nada daquilo que é do homem que se interroga pode ficar fora dela. Em uma quase paráfrase da teoria freudiana, escrevem Vernant e Naquet:

"Somos então advertidos desde o início da peça (As Eumênides): o mundo do selvagem pode ser integrado, dominado por Zeus, a transição pode ser feita sem violência – e é o que o processo de Atena consegue – mas nem por isso ele deixa de subsistir. Negar sua existência seria negar uma parte da realidade."

Mas uma outra passagem anuncia-se na trilogia esquiliana, que aparece também na saga de Prometeu, da qual a última peça só existe em fragmentos: ela diz respeito à mudança teológica que faz parte desse movimento capturado pela tragédia. Segundo Ricoeur[9], Ésquilo apontaria para o fim do trágico. A tragédia seria "ao mesmo tempo a representação do trágico e a impulsão em direção ao fim do trágico". Especialmente nesse poeta, o fim é concomitante àquele da religião trágica, que fala de um deus mau, vingativo, que, a exemplo de Zeus, tortura o herói que beneficiou os homens com seu feito. Mas este deus transforma-se; as últimas peças das duas trilogias, As Eumênides e Prometeu libertado, falam dessa mudança e de um apaziguamento.

Em Sófocles, ainda segundo Ricoeur, o caminho seria mais puramente trágico. "O deus hostil se faz sentir menos por sua pressão que por sua ausência que abandona o homem à própria sorte; esse trágico redobrado vem obstruir as soluções esboçadas por Ésquilo; assim o trágico de Antígona, que é um trágico da contradição insolúvel, surgiu precisamente no ponto onde Ésquilo, nas Eumênides, via uma saída para o trágico; a cidade não é mais o lugar da reconciliação: ela é a cidade fechada que rejeita Antígona no desafio e invocação de leis incompatíveis com a existência histórica da cidade." A cidade constrói sua justiça política; esta ultrapassa a justiça ligada ao funcionamento dos clãs e dos preceitos religiosos de obediência. Algumas leis "imemoriais", como a de enterrar os mortos para que não se pareçam com as feras, se mantêm. A tragédia, no entanto, contrapõe esse absoluto (cujo descumprimento será a perdição de Creonte) à discussão sobre a traição do Estado, feita por Polinices[10].

---

9. Op. cit., p. 214.

10. Filho de Édipo e Jocasta, Polinices ataca Tebas para reconquistar o trono em poder de Etéocles, seu irmão.

A ênfase em uma transformação, o assunto principal da peça de Ésquilo, dá-se fortemente pelas imagens da língua:
"Divindades do sangue e do que é selvagem, elas (as Erínias) se transformam em protetoras da vegetação, da cultura e da criação, a dos animais e a dos homens. (...) De uma maneira impressionante se passa do vocabulário da caça ao vocabulário da agricultura e da criação. (...) A parte que é do selvagem permanece no interior da cidade."[11]

A cidade acolhe o selvagem, já que dele não pode escapar. Ele está em seus cidadãos, uma vez que o impulso em sua direção não se extingue. Esta é uma percepção aguda do homem e começa a configurar o que será um humano trágico: aquele que lida com o homem enquanto eterno problema. Ela parece inspirar muito da concepção freudiana de homem.

Podemos também observar a maneira elegante e incisiva do texto trágico: claro que o que se vê em cena tem o desenho de um percurso inteligível; mas ele avança rumo ao convencimento do espectador mudando o vocabulário, constituindo metáforas para a vida política que se afastam do mundo da caça para se aproximar do mundo da agricultura. Desenha-se na rede textual o traçado do cultural. A caça, escrevem Vernant e Naquet, tem uma função "ao mesmo tempo complementar e oposta ao sacrifício. (...) Ela define as relações do homem com a natureza selvagem".[12] Ainda outras vezes, veremos o texto teatral sublinhar a constatação de que estamos em um mundo cultural, que é próprio da experiência do homem sobre a Terra. Como se pudéssemos, de uma hora para outra, esquecê-lo!

Na Grécia clássica, a condição de cidadão e de ser mortal são dois pontos cruciais nessa interrogação que toma o homem como assunto central de investigação. Muitas vezes voltaremos a eles.

Outra tradução diferentemente ajustada dessas questões desenvolve-se a partir do século XIX, e tem uma idéia de trágico como norte conceitual. Aqui, a extrapolação dos limites impostos pela condição civilizada passa a ser assunto trágico por excelência. Mais exatamente, os temas versam sobre a limitação que a cultura impõe, limitação que se vê transtornada com a subversão da lei, que acompanha cada nova ordem. A oposição entre natureza e cultura passa a ter papel fundamental em muitas teorizações e estabelece um momento importante na teoria freudiana do cultural. A preocupação grega é de outra ordem.

---

11. Vernant e Naquet. Op. cit., p. 124.
12. Idem, p. 115.

A coisa mais sabida a respeito do herói trágico é a de que ele comete uma ação que se caracteriza pela *hybris*, ou seja, ele passa da medida, comete um ato desmesurado, tendo ou não consciência dele. O herói pode empreender a extrapolação agindo conforme antigas leis: esta é uma interpretação plausível de *Édipo-Rei*, pensando o comportamento tirânico pelo qual o herói conduz a investigação do assassinato de Laio. Já é outro o comportamento do rei Pelasgos, em *As Suplicantes*, de Ésquilo, que consulta seu povo, antes de conceder asilo político às Danaides. Estamos em um plano político.

De outro ponto de vista, Édipo subverte a ordem das gerações, ao se tornar irmão de seus filhos. O incesto que comete, sem o saber, só poderia estar de acordo com o estado de absoluta natureza, na mais insuperável distância das fronteiras da cultura. A desmesura com que procura saber sobre sua origem está além, segundo várias interpretações do texto teatral, do que seria lícito a um homem saber: Édipo quer com isso extinguir qualquer mistério esfíngico que se apresente.

Contra a desmesura, a medida deve impor-se. Orestes matou a mãe e teve de submeter-se a julgamento; Clitemnestra também cometeu um crime, mas foi simultaneamente instrumento nas mãos divinas para vingar os crimes de Agamêmnon (a morte de Ifigênia e a profanação dos templos troianos). Tudo isto sem levar em conta que a dinastia dos Átridas estava destinada a sofrer uma maldição, da qual se encarregam as Fúrias. O ato que origina a maldição data de Pélops, pai de Atreu, que é pai de Agamêmnon, que tem Orestes como filho. O desejo fratricida faz parte dessa saga: Atreu, em banquete de confraternização, serve a Tiestes, seu irmão, a carne dos filhos deste, seus sobrinhos. As Eumênides, longe de constituir uma peça trágica em si mesma, é o ponto em que o último dos atos de sangue, com o culpado ainda vivo, será julgado[13]; a peça mais ajeita as coisas no final de um percurso, todo ele marcado por passagens trágicas. É trágico também ver transformar-se o poder da divindade[14]:

---

13. A esse respeito, escreve Ricoeur: "(...) no fim das *Eumênides*, Orestes é de alguma maneira volatilizado no grande debate que se desenrola sobre sua cabeça entre Atena, Apolo, as Erínias". Op. cit., p. 214. Perde-se a preponderância do herói para dar destaque ao debate político da nova justiça. Com isso, a peça termina de maneira bastante diferente do que se poderia esperar de um espetáculo trágico.

14. Esta mudança de função e conseqüente transformação das Erínias sugere uma analogia, em termos freudianos: veremos nos próximos capítulos que a travessia do trágico em análise diz respeito a uma mudança dos lugares identificatórios (simbólicos) que temos de atravessar inexoravelmente. Esta passagem das divindades realiza-se sob um signo semelhante: não é possível manter-se em um lugar inalterado. O movimento do mundo exige isto e a história

a ele é imposto um limite, ele fica sujeito a uma nova composição de forças. O cidadão terá de ajustar-se a esse contexto mais restritivo que a saga teatral relata com toda a sintonia possível. Ao mesmo tempo que uma nova restrição organiza a vida do cidadão, este liberta-se de um jugo sentido como absoluto da maneira mais evidente. Os homens, em sua condição de mortais, organizam-se e enfrentam um poder imortal, composto por imortais. À justiça humana, política, opõe-se uma justiça divina, que entra em crise. A transformação teológica que a tragédia testemunha é sinal dessa crise. A teologia trágica fala de uma indistinção entre o divino e o diabólico: aquilo que causa erro no homem tem origem divina, mas tem de passar pela fraqueza humana, para se fazer ato. O ato, no entanto, acaba sendo visto como fruto de uma possessão. Essa teologia passa por um processo de individualização de suas figuras, antes indistintas. Apolo ou Zeus são deuses individualizados, o que não acontece com as Fúrias. Essa passagem inicia um percurso de conciliação entre os homens e este universo, a princípio, bom e mau. Essa individualização das divindades não é absoluta: "A teologia do erro tende a manter um fundo de divindade que resiste à tendência, triunfante em todos lugares, de individualizar e visualizar as potências divinas".[15]
Um exemplo desta resistência são as Moiras, o aspecto mais impessoal deste poder, nas palavras de Ricoeur. Elas são a "não-escolha da escolha, a necessidade que sobrecarrega e sobredetermina o ato" e caminham em direção a um sentido de "anonimato do destino", "apto a designar a aparição repentina, irracional, invencível do divino na vida emocional e volitiva do homem".[16]
Superar esse universo de potências em duelo é tarefa para muitos homens. Em parte, ele ainda permanece tal qual uma teologia titânica o propôs. Por outro lado – e a figura de Zeus (que acaba por se conciliar com Prometeu) ilustra isso –, há um compromisso que permite a emergência e o fortalecimento de uma justiça laica, racional, capaz de governar a ordem política com um montante considerável de coisas visíveis para todos os cidadãos.

---

encarregar-se-á de estampar os anacronismos. A teologia da qual fazem parte não prepondera mais, como mostra Ricoeur. É hora de mudar mesmo que a contragosto e com muita relutância. Nas mudanças identificatórias que sofremos acontece o mesmo: ninguém quer abrir mão de uma posição conquistada e isto acaba por ralentar todo o movimento. Sempre se esquece, de saída, que pode haver ganho em trocar de lugar: as Eumênides, por exemplo, participam, em sua nova condição, de uma instituição fundamental na nova ordem da cidade.

15. Ricoeur. Op. cit., p. 203.
16. Idem.

Há um conhecimento que passa pelo caminho da dor. Todos, deuses inclusive, se doem nessa trama. A via trágica mantém desperto um interesse pelo tema da dor, que não começou na tragédia, mas diz respeito ao cidadão. Porque ele a sente, sem dúvida alguma, e falar dela é implicá-lo diretamente no espetáculo. Com uma força afetiva de grande potência, a experiência dolorosa forja a transformação. Em tempo: esta já se havia dado; a elaboração estética incumbia-se de metabolizar esse "resto" que a vida política não tem tempo de contemplar.

Há, é isto que a tragédia alerta o tempo todo, uma tensão que nunca acaba.

"(...) O trágico tem sempre, e em proporções variáveis, cumplicidade com o que chamarei não tanto de 'apolítico' (o que supõe simplesmente o desengajamento, ou mesmo o desinteresse) mas de *antipolítico* – tudo aquilo que a cidade recusa e que, em Ésquilo, Sófocles e Eurípedes, recusa de certa maneira a cidade e sua ideologia."[17]

A implantação da vida política cria, se pensarmos na dialética, uma resistência ao seu funcionamento. O que nos interessa sublinhar, seguindo a argumentação de Nicole Loraux, é que esse resto antipolítico, que permanece em cada cidadão, é uma ponte pela qual transitamos nós, espectadores do trágico no século XX. O que a cidade/sociedade recusa, aprendemos em Édipo-Rei, permanece dentro dela, hospedado no recôndito de cada cidadão: o selvagem, o fratricida, o parricida, o incestuoso, o tirano, o assassino. É por isto que podemos padecer o espetáculo de uma forma que nos aproxima do grego da época clássica. O que não podemos esquecer é que esses "conteúdos" recônditos da alma, em uma perspectiva trágica, também são determinados por vontades divinas, e é para lutar contra essa submissão que a tragédia acontece na vida cultural grega. Outros restos antipolíticos poderiam ser examinados na obediência a uma lei imemorial que, por exemplo, Antígona executa. Mesmo de acordo com um preceito por si só nada monstruoso, sua atitude afronta o universo político do novo Estado.

Talvez não estejamos falando de um resto. Seria concordar demais com o desejo da ideologia chamar a tudo isto de resto; o projeto ideológico seria então o de um reinado absoluto da raciona-

---

17. Loraux, N. A tragédia grega e o humano. Novaes, A. (Org.) Ética. Trad. Maria Lúcia Machado. São Paulo: Cia. das Letras, 1994, p. 20.

lidade, sem restos. O que não se encaixa na vida cidadã passa a funcionar sob essa condição.

Se substituirmos o cidadão pelo homem civilizado, veremos que os restos não deixam de se acumular e agir. O psicanalista sabe a importância de um tal sedimento e de sua possibilidade de preponderar em alguns momentos de uma configuração psíquica individual...

O que o antipolítico aponta é a possível existência de um inamovível do homem, um lugar genérico que sempre estará em conflito com as formas da vida em sociedade. Cada época criaria, pela dinâmica de seu universo constituinte, esse lugar que de genérico passa a ser específico, configurado por tudo aquilo que ele não é. Freud, por exemplo, faz referência a isto chamando-o de pulsional ou de pulsão de morte, entre outros nomes.

Será, então, apenas como reinterpretação que nos voltamos ao trágico hoje em dia? Sem dúvida, mas de onde vem esse poder de atração que nos faz voltar a ele, especialmente ao trágico grego? Há lugares que ele funda, cria, à maneira de um arquiteto, que passamos a habitar para sempre.

"Porque toda tragédia (...) tem muito a ver com a encenação de um luto." Ela veicula algo que ultrapassa nossa condição de cidadãos. "(...) O *humano*: o sentimento, embora confuso em cada um, de que se é irrevogavelmente tocado por outrem."[18]

Esse irrevogável refere-se a uma condição sem isolamento possível. Não é à toa que um dos desejos expressos nos textos trágicos é aquele da autoctonia, da não ascendência, como a expressar o desconforto da filiação, que acaba por minar qualquer idealização da pureza ou originalidade do que quer que realizemos em vida. Esse empreendimento sempre trará as marcas de uma determinação que nos ultrapassa dos jeitos mais insuspeitos.

Diz Atena, divindade que preside o julgamento de Orestes, ao declarar seu voto:

> *"Nasci sem ter passado por ventre materno;*
> *meu ânimo sempre foi a favor dos homens,*
> *à exceção do casamento; apóio o pai."*[19]

---
18. Idem.
19. Ésquilo. Op. cit., v. 976, p. 176.

Explicam-nos Vernant e Naquet que "a autoctonia é um procedimento mítico que elimina o papel das mulheres nas origens humanas e permite aos homens que se constituam em fraternidades guerreiras. Não há autoctonia para as mulheres".[20] Isto porque, com a marca da maternidade, a possibilidade de mácula reaparece, como é o caso do filho de Édipo e Jocasta, Polinices, no texto esquiliano Os sete contra Tebas. A autoctonia quer garantir uma origem nobre, e esta não poderia começar no ventre de uma mulher; ela eliminaria o desconforto do reconhecimento dessa origem, no sexo de uma mulher. Não é à toa que Atena vota por Orestes; ele, afinal, matou a mãe.

A respeito do caráter irrevogável da influência de outrem, temos a versão psicanalítica, da pena do próprio Freud:

"O sofrimento nos ameaça por três lados: do próprio corpo que, condenado à decadência e aniquilação, nem sequer pode prescindir dos signos de alarme que representam a dor e a angústia; do mundo exterior, capaz de encarniçar-se em nós com forças destruidoras onipotentes e implacáveis; por fim, das relações com outros seres humanos. O sofrimento que emana dessa última fonte quiçá nos seja mais doloroso que qualquer outro; tendemos a considerá-lo como uma adição mais ou menos gratuita, apesar que bem poderia ser um destino tão ineludível como o sofrimento de origem distinta."[21]

A dor em si não caracteriza o trágico, nem tampouco o sofrimento. Outros gêneros tematizaram-nos e ainda o fazem hoje em dia. Esses temas podem ser considerados trágicos quando está em jogo o conflito entre duas ordens de coisas. O irremediável da questão especificamente trágica diz respeito a uma contradição que não tem como se resolver, a não ser em uma convivência turbulenta entre partes diferentes. Tão logo uma supere a outra em determinado grau, que o confronto perca sua intensidade, o trágico também arrefece, para voltar a agir vigorosamente com o advento de uma nova forma que se contraporá a esta que superou uma outra. A dor e o sofrimento são inerentes a esses movimentos, mas podem ser aceitos por muitas sabedorias que não a sabedoria trágica.

A identificação forte do trágico com o sentido catastrófico tem lá seus motivos. Ao dizermos que algo é trágico, estamos comumente

---

20. Vernant e Naquet. Op. cit., v. 2, pp. 153 e 154. Eles falam ainda que, por ser autóctone, Atena pode presidir a nascimentos autóctones.

21. Freud, S. El malestar en la cultura. Obras Completas. Trad. Luis Lopez-Ballesteros y de Torres. Madri: Biblioteca Nueva, v.3. p. 3.025.

fazendo referência à nossa impossibilidade de enfrentá-lo com o vigor que ele solicita. Pois sabemo-lo quase sem remédio. O sentimento grego a respeito não se limitava à constatação, muito menos à tentativa desesperada de fuga. Deparar-se com o insolúvel fazia parte das exigências que a condição de ser mortal impunha, na Grécia clássica. Essa visão de um irremediável, de um impasse insolúvel criou também a sua história. Em Goethe podemos ler: "Todo o trágico se baseia numa contradição irreconciliável. Tão logo aparece ou se torna possível uma acomodação, desaparece o trágico".[22] Apesar de datada, essa sentença recoloca uma questão importante: trata-se de algo que é passível de desaparecimento, então?

Nossa insistência na historicidade do conceito pretende transpirar, desde já, uma tragicidade. Trata-se de uma transformação que não se dá por inteiro: ela comporta algum elemento estável, aquilo que Ricoeur chamou de essência do fenômeno, que acompanha o conceito pelas formas que adquire na história e que, até hoje, nos chega sob o nome de trágico. Não é o mesmo, sem dúvida, mas permite o trânsito de elementos que se reportam a esse significante e provocam o efeito simbólico próprio das coisas em confronto, não metabolizadas, de cada época. Contemporaneamente, esse elemento trágico, não depurado, dará o alerta para a contradição entre aquilo que parece caminhar a contento nas teias da representação e o que a ela não obedece, como algo não metabolizado, ou melhor, não apaziguado ainda. Há aqui uma ambivalência que é muito própria do trágico: sempre a nos colocar problemas, a ilusão de os ter solucionado permanece conosco muito menos tempo do que desejaríamos. Fica no ar a sugestão de que a vida não pára de passar.

A tragédia, desde o seu surgimento, tematizou essa eterna passagem das coisas e do tempo, um sentimento de efemeridade, daquilo que não se detém para que a vida possa pensar-se de forma serena. Algo de estável necessariamente deveria surgir desse exercício. Quando de sua primeira teorização, em Aristóteles, a tragédia não mais existia em sua plena exuberância. Passado o século em que predominou como manifestação artística, ela pôde ser tematizada enquanto forma, métrica, melhores conteúdos para melhores rendimentos, assuntos. Ela criou, para sempre, a categoria de um homem trágico, ou de um caráter trágico da condição humana. A filosofia veio teorizá-

---

22. Apud. Lesky, A. A Tragédia grega. Trad. J. Guinsburg et alli. São Paulo: Perspectiva, 1990, p. 25.

la, após sua manifestação primeira. Esta é a maneira da arte: no mais das vezes à frente de seu tempo, ou instaurando o novo tempo com a sua invenção. A presença da teoria já é índice de uma passagem, de uma transformação. Quando ela é possível, o ensinamento trágico diria que a arte que lhe corresponde passou, as condições imprescindíveis para seu acontecimento desfizeram-se. A história passou. Seria, no limite, um tempo de refazimento da experiência, tentando acomodar o que ficou da turbulência, uma idéia que parece plausível, embora pareça também correta demais, comportada demais. Com nossos olhos contemporâneos, bem poderíamos enxergar no movimento de teorização uma defesa estarrecedora e bem-sucedida contra a irrupção contagiosa do trágico. Nem todas as épocas comportam a travessia aberta e declarada do trágico, embora ele continue silenciosamente a operar. Desta mesma maneira o trágico faz parte da análise: de tempos em tempos, não sempre, nem a maior parte das vezes, acompanhando o ritmo daquelas que são as transformações identificatórias ligadas estreitamente ao campo simbólico que nos estrutura[23]. A serenidade que marca o texto aristotélico – ele chega mesmo a "esfriar" um leitor ávido das peças trágicas – corresponde a uma época tal, quando o saber filosófico das idéias sobrepuja o saber trágico das ações e dos atos.

A tragédia "marca uma etapa na formação do homem interior, do homem como sujeito responsável".[24] Ela cria, mais do que descobre, novos aspectos da experiência humana; situa o homem em um solo totalmente movediço de valores e práticas, em que ele nunca mais poderá encontrar configurações cuja permanência seja garantia de bem-estar. O homem é colocado como um grande problema: sua

---

23. Jô Gondar, em seu livro Os tempos de Freud (Rio: Revinter, 1995), fala algo parecido com relação à presença do trágico em análise. A experiência trágica deixa marcar-se pelo tempo do acaso, quando, segundo Holderlin, os deuses voltaram as costas aos homens e este não tem mais como se situar. Escreve ela: "nada nos protege do acaso" (p. 118). O acaso é um tempo da não-ligação em uma forma absoluta, tempo da pulsão no que ela diz respeito ao "silêncio, à repetição e à estranheza." (p. 116). Tudo isto se presentifica em análise, mas não todo o tempo, o que faria dela uma experiência insuportável. Os argumentos dessa autora definem o trágico como algo que está sempre em consonância estreita com o sujeito que irá vivê-lo; ele não é algo que vem de fora e simplesmente assola esse sujeito. Tal como a pulsão "potência fatal que vem do exterior do psiquismo, mas do interior do homem, tornando-o dessemelhante consigo próprio" (p. 122).
24. Vernant e Naquet. Op. cit., v.1, p. 11.
André Green escreve: "É preciso que se forje uma mistura estranha de uma certa responsabilidade do homem e de sua inocência no interior de um jogo que ele não controla mas que ele sofre". Un Oeil en trop. Paris: Minuit, p. 81.

maneira de proceder na vida em sociedade é um enigma de tal ordem de complexidade que acaba por não comportar soluções.

Ao mesmo tempo todo esse desenvolvimento é feito em um terreno ficcional, e esta também é uma experiência que se constrói ao longo do século V a.C. A construção de uma consciência do fictício, capaz de afetar decisivamente a realidade em diferentes planos de seu funcionamento, acaba por gerar uma forma de viver no mundo que não consegue existir "fora da tragédia e do gênero literário cuja tradição ela fundamenta".[25] Ela, embora diferindo da epopéia que a precede, segue esta na construção da ficção de enormes poderes para interferir na vida da *pólis*.

Uma das principais temáticas trágicas, a relação do homem com os deuses, que ocupam posições em todos os assuntos humanos, dos banais aos mais graves (mas sobretudo nestes), é indicativa de um passamento, com todo o luto que pressupõe. Como já mencionamos, a tragédia testemunha uma mudança de teogonia: de um mundo titânico, governado principalmente pelas forças da natureza, para a teogonia olímpica, em que laços familiares próximos aos que conhecemos se fazem presentes e obedecem a regras estritas. Até novas transgressões delineiam-se a partir das novas regras. E tudo isto é concomitante à estruturação da nova cidade, a *pólis* grega que nasce e tenta estabelecer uma nova sociabilidade, baseada em preceitos recém-definidos de democracia para uma parte de seus habitantes, aqueles considerados cidadãos.

Na absoluta maioria das vezes, o assunto trágico fala de uma precariedade. A fragilidade da realização humana revela-se na percepção aguda desse tempo de passagem, tempo no qual algo novo não se estruturou; o que é velho ainda vige, faz parte da correlação de forças que define a vida em sociedade, e portanto determina as decisões dos homens. O tempo presente é sempre este, incerto, por determinar-se enquanto sentido a seguir. Sabê-lo, ter consciência desse embate, é outra coisa: um momento de alta diferenciação da ordem "natural" dos acontecimentos, um momento cultural. Na dramaturgia trágica, mesmo sem que o saiba <u>antes</u>, o herói, ao agir, tem de decidir, ou melhor, está decidindo. Algumas vezes hesitante, como Agamêmnon ao pisar o tapete que lhe estende Clitemnestra, às vezes sem dúvida alguma, como no arrogante Édipo. Uma vez acontecido, o ato passa a sofrer o julgamento por parte dos deuses e, como vimos,

---

25. Idem, v. 2, p. 89.

agora também por parte dos homens. Está instaurado o processo de conscientização daquilo que se fez. Nesses textos, as razões não são suficientes para conseguir o perdão da desmesura. Não há perdão para o ato desmedido. A tragédia grega discute a ação de seu protagonista sem conseguir estabelecer um uso para aquilo que traduziremos por vontade ou intenção: até onde vai a deliberação e até onde o homem obedece ao desígnio divino? Esta é uma etapa na formação do "homem interior".

Jacqueline de Romilly escreve a esse respeito: "Os heróis de Homero hesitavam às vezes sobre a conduta mais oportuna: eles não se colocavam questões sobre o que era bom, sobre o que os deuses queriam, nem sobre as virtudes necessárias para agir conseqüentemente. O século V colocava-se essas questões: ele as debatia, e, com o auxílio da arte dos sofistas, buscava definir responsabilidades ou descartá-las. Esse interesse novo reflete-se, numa progressão surpreendente, no interior do gênero mais resolutamente consagrado a esta reflexão sobre o sentido dos atos humanos: a tragédia. Centrada em torno de um crime ou de um desastre, a tragédia não pode não se perguntar: por quê? A psicologia entra, se podemos dizer, em cena".[26]

Ainda estamos longe dos domínios da psicologia tal qual a conhecemos. Em todo caso, dentro do gênero trágico, segundo Romilly, ela avança e amplia-se se pensarmos em um caminho que começa em Ésquilo e termina em Eurípedes.

O trágico estabelece o diapasão para um certo tipo de vivência, que será trágica conforme a sua época; aquilo que o era em uma não o será em outra, pois cada uma delas discute diferentemente esse pior da condição humana. A proposição moderna pensa, em uma certa inversão de sentido, que o trágico emprestou seu nome a essa "área" que abrange o confronto do homem com sua vida civilizada, os assujeitamentos que ele teve e tem de fazer e tematizar para posicionar-se diante das leis que codificam para ele uma situação e uma condição. Com esse empréstimo, o trágico cria um movimento interpretante que muitas vezes exacerba uma percepção até então desavisada, sofredora passiva que é da seqüência de acontecimentos. E, na Grécia pelo menos, mas ao que parece na contemporaneidade também, o jogo da língua move as peças que aguçam essa percepção até sua ascensão a um conhecimento explícito, ou pelo menos mais explícito do que era quando tudo supostamente começou.

---

26. Romilly, J. Patience, mon coeur!. Paris: Les Belles Lettres, 1991, p. 53.

Continuemos nosso caminho de definição do que comporta o conceito de trágico.

3. Aristóteles, a catarse, o conhecimento através da dor.

A tragédia grega fazia parte de um festival anual da *pólis*, e para sua realização os autores inscreviam seus textos em um concurso. O que conhecemos como dramaturgia trágica é uma parte menor de tudo aquilo a que o cidadão ateniense assistiu no século V a.C.

A tragédia caracterizou-se por uma dramaturgia cuja ênfase era quase absoluta nas questões que a nova cidade vivia. Para isso, a tragédia tinha uma estrutura básica: "Ela se exprime, na própria forma do drama, pela tensão entre os dois elementos que ocupam a cena trágica: de um lado, o coro, personagem coletiva e anônima encarnada por um colégio oficial de cidadãos cujo papel é exprimir em seus temores, em suas esperanças, em suas interrogações e julgamentos os sentimentos dos espectadores que compõem a comunidade cívica; de outro lado, vivida por um ator profissional, a personagem individualizada cuja ação constitui o centro do drama e que tem a figura de um herói de uma outra época, sempre mais ou menos estranho à condição comum do cidadão".[27]

A essa estrutura duplicada corresponde uma duplicação no tocante à linguagem. Ela expressa a ambigüidade que será uma das características marcantes que podemos aprender com esse gênero. Quando a tragédia se propõe ambígua em sua própria tessitura de linguagem, ela frisa de maneira incisiva *a irresolução como constituinte do homem*: ele sempre estará falando algo diferente, senão o exato oposto, no momento mesmo em que emite suas palavras. Isto fala de perto ao psicanalista.

"É a língua do coro que, em suas partes cantadas, prolonga a tradição lírica de uma poesia que celebra as virtudes exemplares do herói dos tempos antigos. Na fala dos protagonistas do drama, a métrica das partes dialogadas está, ao contrário, próxima da prosa. No próprio momento em que, pelo jogo cênico e pela máscara, a personagem trágica toma as dimensões de um desses seres excepcionais que a cidade cultua, a língua a aproxima dos homens. Essa aproximação a torna, em sua aventura lendária, como que contem-

---
27. Idem, v. 1, p. 20.

porânea do público. Conseqüentemente, no íntimo de cada protagonista, encontra-se a tensão que notamos entre o passado e o presente, o universo do mito e o da cidade."[28]

O primeiro teórico dessa manifestação foi Aristóteles. Sua leitura foi elaborada quando o século "trágico" já havia passado. Parece necessário atentar para o fato, pois o diapasão com que ele acompanha e delineia as regras canônicas daquilo que deve ser um bom texto teatral é essencialmente analítico; longe de parecer um demérito, trata-se de Aristóteles afinal, isto quer dizer que seu tempo talvez não comportasse a demanda de uma tal vivência explicitamente configurada.

"Não se sente mais a necessidade de um debate com o passado 'heróico', de um confronto entre o antigo e o novo. Aristóteles, que elabora uma teoria racional da ação, esforçando-se para distinguir mais claramente os graus de engajamento do agente nos seus atos, não sabe mais o que são a consciência nem o homem trágicos: eles pertencem a uma época para ele já decorrida."[29]

Quando se propõe uma visão de mundo calcada na idéia de que o trágico atua como princípio, fala-se de algo que sempre estará em operação, independentemente da vontade humana; essa última estará submetida a desígnios que, por definição, não pode sequer suspeitar. No entanto, mesmo esta idéia deve comportar matizes: não é para todas as épocas que isto se coloca como questão relevante, a palpitar no coração de seu humor cultural. São diferentes os tempos que demandam e criam uma manifestação que elabora algo ainda próximo de um estado bruto, e outros que se dedicam, porque a demanda é outra, a analisar os caminhos abertos durante os primeiros. Seria confortável pensar em um repouso reflexivo, não fosse o fato de a reflexão fazer avançar o pensamento vinculado à manifestação da estética trágica. Lesky escreve que a <u>Poética</u> contém o germe de uma teoria do trágico, ou seja, do sentimento que se desprega do acontecimento teatral.

Podemos estabelecer aqui uma analogia com o processo analítico. O tempo que chamaríamos trágico de uma análise não é todo o tempo da análise, mas ele pode também ser visto em algumas passagens que pareceriam a nós corriqueiras na definição de um tal processo. Apesar de *corriqueiro* e *trágico* não parecerem palavras aptas a figurarem juntas em uma mesma frase! Há inicialmente uma demanda

---

28. Idem, v. 1, pp. 20 e 21.
29. Idem, v. 1, p. 66.

que sustenta o desejo de um diálogo forte com um passado "mítico". Acontecido ou não, o tempo do mito, tempo do Édipo, do infantil, da fundação do inconsciente, empresta sua solenidade à pergunta que é irrespondível em si mesma, mas que não pode deixar de ser formulada. Por que sou isto que sou? Por que sofro com isto? Por que desejo isto? Onde tudo isto leva? Diríamos que é a demanda do novo que força esse diálogo com um passado perdido que, no entanto, reverbera de um jeito desconfortável no presente. Passada a demanda, transformado o que parecia ser o objeto imediato (com feição de eterno) de um desejo, o passado, ou um passado, perde seu poder de atração, a discussão com ele esvazia-se. Criar-se-ão outras, com outros tempos, em outro estilo, quando até o trágico pode retornar. O importante é frisar que esse tempo se modula, comportando ou não, uma tal envergadura sentimental.

Não é à toa que muitas metáforas psicanalíticas se dão a partir do teatro, em especial, de um teatro trágico. De fato, o cidadão ateniense, ao aceitar participar de um ato como este, permitia que uma dimensão sensual, viva, musical, tomasse a condução de seus sentidos, que, "desgovernados" por essa influência, passavam a governar a reflexão, pelo menos por um tempo. Há algo de espetacular, visível e formidável nesse movimento. A psicanálise propõe algo semelhante: que um teatro tenha lugar por um tempo; que nele se faça a representação mimética por meio da transferência de modos de ação (e também de afetos). Um teatro do inconsciente reencena-se, desligado em parte de seu lastro histórico cronológico, tal como no mito. A função histórica de cada um de seus componentes não se desativa, mas obedece a uma nova ordenação que descobre para ela sentidos insuspeitados. Em todo caso, importa destacar uma teatralidade do processo não apenas no que toca os lugares metapsicológicos, mas na maneira mesma da disposição de uma sessão de análise: ela tem um espaço e um tempo que bem poderíamos chamar de teatrais, dessa teatralidade que fala a tragédia. Há nela a presença sensual, ao vivo, dos processos de transformação que oscilam entre as partes corais míticas que se misturam às partes prosaicas próximas da cotidianidade.

O diálogo trágico com o passado, tal como aprendemos na Grécia, fica enormemente facilitado – na verdade ele viabiliza-se somente por aí – pela via do mito. Algo que é intemporal, na versão psicanalítica algo que permaneceu inconsciente, tem o frescor das coisas que nos afetam no presente, e pode carecer de verdade histórica: o mito tem eficácia enquanto estrutura ficcional que faz eco àquilo que é próprio do homem em cada tempo. Vimos que a tragédia reforça um aprendizado por meio da matéria ficcional:

"O efeito trágico não reside em uma matéria, mesmo onírica, mas na maneira de dar forma à matéria (...)."[30]

A veracidade da ficção só é medida pela sua eficácia simbólica, pelo seu poder de fazer vibrar, dar forma, ao que parece permanecer recôndito na alma humana. Essa impressão tem correspondência com a situação do mito, entendido como algo anterior à história, supostamente intocado por suas formas. Nada mais ilusório, nada tão propalado como crença irrecusável:

"A autenticidade de nossas crenças não se mede pela verdade do seu objeto. (...) Somos nós que fabricamos as nossas verdades e não 'a' realidade que nos faz acreditar."[31]

O diálogo com o passado, depois de bastante ventilado, tende a passar enquanto premência. Evidentemente, ele sempre estará acontecendo. No entanto, estamos falando de coisas explícitas, tal como a dramaturgia e os espetáculos gregos nos fazem ver. Sem eles, o diálogo dar-se-ia de outra maneira, formatada diferentemente, legando ao futuro outros sentimentos sobre a condição humana. Apenas entender as condições da produção sintomática não cura ninguém. Dialogar afetivamente com o passado trata quase tudo, segundo o corolário aprendido com a estética desta manifestação.

O legado aristotélico é a teoria seminal da tragédia grega e do trágico. Da Poética destacaremos alguns pontos que são problematizados pelos helenistas contemporâneos, visando a formular questões que sejam do interesse do psicanalista. Seria de toda forma impossível sistematizar tudo o que já se escreveu e pensou a respeito desse livro, tarefa que escaparia ao nosso intuito neste trabalho.

"A tragédia é a representação de uma ação nobre"[32], diz-nos Aristóteles. A nobreza da ação opõe a tragédia à comédia. As ações mais que as interioridades serão alvo de julgamento; são elas que desenharão os diferentes momentos do espetáculo, quando a situação do herói se transformará de maneira radical para atingir o efeito trágico. A transformação será tecida por meio de uma peripécia, que

---
30. Idem, p. 67.
31. Veyne, P. Acreditaram os gregos nos seus mitos? Trad. António Gonçalves. Lisboa: Edições 70, p. 135.
32. Aristóteles. La Poétique. Trad. Roselyne Dupont-Roc e Jean Lallot. Paris: Seuil, 1980, VI, 49 b 24.

deve propor uma reviravolta na situação inicial, mediante um reconhecimento diferenciado do acontecido até determinado ponto da ação. "O mais importante desses elementos é o arranjo dos fatos em sistema. Com efeito, a tragédia é representação não de homens mas da ação, de vida e de felicidade (a infelicidade também reside na ação), e o fim visado é uma ação, não uma qualidade; ou, é por seu caráter que os homens têm tal ou qual qualidade, mas é por suas ações que eles são felizes ou o inverso."[33]

É forçoso notar a destinação dessa definição para o campo de organização da cidade. A ação, especialmente a ação pública, é o grande objeto de consideração. Ela e o homem que a executa são os problemas da coletividade.

É por meio dessas construções altamente elaboradas que a fina arte do poeta tem a oportunidade de ser avaliada. O tecido de uma peripécia é todo ele feito de um jogo de palavras minuciosamente ambíguo, como teremos oportunidade de analisar em um dos capítulos seguintes. Essa ambigüidade, acessível infelizmente apenas em grego, mas reportada à exaustão pelos helenistas, espelha a discussão interminável que começa a esboçar a categoria de vontade humana como motor da ação. Até onde o herói quis ou premeditou o ato vaidoso, o ato criminoso? Qual era sua possibilidade de escolha, de discernimento? É bom lembrar que não há respostas para essas perguntas, ou, pelo menos, não há respostas satisfatórias e definitivas.

Saímos do anfiteatro inquietos com a complexidade da vida, que se move em um terreno incerto, incansável criador de novas estranhezas. É um tipo de questão que a psicanálise continua para o mundo, ao colocar em operação a idéia de inconsciente. Ela dá prosseguimento a uma tradição filosófica. Muitas de suas proposições (desejo, prazer, pulsão) habitam esse campo do movediço e do indefinido. Todas elas falam de uma relação imperiosa e difícil com o meio cultural, pensado aqui no sentido abrangente das formas de organização de uma vida em coletividade. Falam especialmente, do ponto de vista da existência possível de um sujeito dentro desse meio, que deve moldá-lo para sua manutenção. O paciente da psicanálise está aqui próximo do espectador da tragédia.

A tragédia acaba por ensinar ao seu inquieto, porém satisfeito (já veremos por que), espectador a efemeridade das formas históricas e, simultaneamente, a criação, em cada ser, de modos estáveis de proceder,

---

33. Idem, VI, 50 a 15.

sem os quais ele não conseguiria viver. O trágico é o sentimento que acompanha uma tal percepção, calcada em uma tensão que deveríamos imaginar, para nos aproximarmos de sua proposição, infinita. O efeito trágico, segundo Aristóteles, provoca, ou deveria provocar no espectador, as emoções do terror e da piedade. A "união de um reconhecimento e de uma peripécia" provocaria tais estados sentimentais. A peripécia é ultimada por um acontecimento que é a catástrofe. A tragédia, "representando a piedade e o terror, realiza a depuração deste gênero de emoções".[34]

A depuração das emoções, sua catarse, revela o âmago da teoria de Aristóteles sobre essa manifestação artística. O discurso que interpreta a tragédia do ponto de vista político deve ser acompanhado por outro discurso que fale desse lado "antipolítico" que habita todo cidadão. Aqui também, portanto, estamos em um terreno ambivalente.

O espetáculo só atinge seu objetivo se veicular contundentemente as questões que afligem de maneira cada vez mais explícita o homem tornado cidadão. Aristóteles repete inúmeras vezes a idéia de que há um prazer que é próprio da tragédia, que lhe é específico, daí pensarmos na satisfação que é contemplar-se na cena e poder atualizar inquietações que serão enérgica e energeticamente purgadas até o final do espetáculo. A catarse, procedimento originário da purificação ritual para livrar o homem do contato com a poluição[35], tem no teatro uma forma de sua história. O termo também pertence ao vocabulário médico e tem o sentido de "alívio, combinado ao prazer, dos mencionados afetos".[36] Lesky, entre outros helenistas, diz expressamente que a catarse "não está ligada a nenhum efeito moral".[37]

O teatro, na cidade democrática, era um novo lugar onde se podia executar essa espécie de libertação. Daí a idéia de um prazer que é correspondente ao ritual purificador. Em um sentido bastante próximo daquele criado por Freud, o prazer envolve uma descarga de tensão, acumulada no crescente domínio pelo homem de coisas que antes pertenciam à esfera divina.

Há um jogo entre a substância propriamente teatral e o prazer que ela provoca ao suscitar essas emoções específicas do terror e da

---

34. Idem, VI, 49 b 24.
35. Cf. Dodds, E.R. Os Gregos e o irracional. Trad. Leonor Santos B. de Carvalho. Lisboa: Gradiva, 1988, p. 44.
36. Lesky. Op. cit., p. 23.
37. Idem.

piedade. "Se experimentar *phobos* (terror), é tremer por si mesmo, experimentar *eleos* (piedade), é tremer por um outro".[38] Mas é *prazer* e não *pena* que o espectador deve sentir. O que operaria essa transformação? A representação. "É para entender *piedade* e *terror* não como a experiência patológica do espectador, mas como produtos da atividade mimética, *elementos da história* que uma elaboração específica formalizou para fazer deles os paradigmas do piedoso e do aterrorizante."[39] A tragédia oferece ao seu espectador objetos depurados que, nesse estado, podem ser olhados sem provocar a pena que certamente provocariam na realidade. Há uma transformação do olhar que permite o trabalho mimético da forma. "Da simples visão *(horan)* das coisas – penosa, já que o espetáculo é repugnante –, passa-se, em face do produto da *mimèsis,* para um olhar *(theôrein)* que está acompanhado de intelecção *(manthanein)*, e, portanto, de prazer. A *katharsis* trágica é o resultado de um processo análogo: colocado na presença de uma história *(muthos)* onde ele reconhece as *formas*, sabiamente elaboradas pelo poeta, que definem a essência do piedoso e do aterrorizante, o próprio espectador experimenta a piedade e o terror, mas sob uma forma demasiadamente sutil, e a emoção depurada que o toma então e que nós qualificaremos de estética se faz acompanhar de prazer."[40]

A representação é o operador de uma transformação dos afetos. Ela abre caminho para um contato diferenciado com muitas coisas antes intocáveis. E ela o faz por meio dessa sensualidade estética, sem a qual poucas coisas mudariam para todos nós. Existe primeiro um arrebatamento que depois convence ou faz refletir.

Como vimos, olhar o mito com olhos de cidadão indica uma mudança de posição: está implícito aqui uma depuração intelectual que concerne a um sentido de racionalidade crescente. Esta, por seu próprio movimento, gera novos acúmulos de tensão, que devem ser correspondidos por novas formas de descarga, com a ressalva de que a sociedade, que consegue contemplar de alguma forma essa economia libidinal, já reconheceu o mal-estar que lhe vai pelas entranhas. Sempre que pensarmos em uma tal transformação, seria procedente não esquecer o ensinamento psicanalítico do componente

---

38. Dupont-Roc, R. e Lallot, J. La Katharsis: essai d'interprétation. Aristóteles. La Poétique. p. 189.
39. Idem, p. 190.
40. Idem.

energético/afetivo que envolve qualquer movimento que altera os estados das coisas e suas explicações.

Além disso, o prazer na fruição da tragédia não advém de uma espécie de conforto moral, de uma percepção por parte do cidadão de estar de acordo com as leis morais. O prazer vem de algo pior que provoca terror e piedade, e que parece justamente o contrário do *estar em acordo*: estamos todos e sempre em desacordo com o que prega a moral! Se ela é nova, recente, o que é um jeito ingênuo de pensar esse universo, podemos pretextar um período de adaptação, forrado de discordâncias; se ela é antiga, o que todos os universos morais de certa maneira são, já criamos contra ela nossos antídotos pessoais, ou pelo menos assim, imaginariamente, acreditamos. A tragédia constrói a oferta de satisfação purgatória em uma via que ela percebe como subjacente ao universo moral. De novo, ela reconhece algo que sempre acompanha o homem e que o faz vibrar em um diapasão cujo estofo permanece sendo aquilo que não é tocado pelas formas da moral e, por isso, permite o prazer.

"Aristóteles diz, com toda clareza, que nossa compaixão só pode surgir quando somos testemunhas de uma desgraça imerecida."[41] O injusto move o espectador e não somente ele. A falha, que precipita o herói na desgraça de seu destino, "não deve ser causada por uma falha moral."[42] No mais das vezes, ela é causada por um excesso que se avalia por uma medida: o herói está sempre além, e muito, da medida.

A respeito de Édipo-Rei, Naquet e Vernant escrevem que o parricídio e o incesto não correspondem nem ao caráter de Édipo nem a uma falta moral que o protagonista tenha cometido[43]. Tudo acontece sem que ele o saiba, justamente ele, cuja *hybris* foi querer saber além do que seria sensato a um homem desejar. Esta é a grandeza da tragédia e do trágico que nasce como sentimento a partir dela: no lugar exato em que se propõe a medida é aí, precisamente, que ocorre o ato desmedido. Mas, não esqueçamos, trata-se de uma situação criada mítica e esteticamente: ela tem de ser tal para provocar o efeito que almeja. A lenda do rei Édipo é uma reinterpretação trágica do mito já existente feita por Sófocles, como veremos adiante.

"O mito heróico não é trágico por si só, é o poeta trágico que lhe dá esse caráter. É certo que os mitos comportam, tanto quanto se

---
41. Lesky. Op. cit., p. 35.
42. Idem.
43. Vernant e Naquet. Op. cit., v. 1, p. 89.

queira, essas transgressões de que se nutriram as tragédias: o incesto, o parricídio, o matricídio, o ato de devorar os filhos, mas não comportam em si mesmos nenhuma instância que julga tais atos, como as que a cidade criou, como as que o coro exprime a seu modo."[44]

A especulação trágica tem esse gosto: há uma situação cuja solução será sempre incompleta, quando não levará à morte quem nela se enreda. Julgá-la é um exercício de compatibilização entre elementos incompatíveis. O que propõe como saída é uma quase inacreditável ausência de conforto, mediada pelo prazer que o espetáculo propicia. É isto, entendiam os tragediógrafos, que ia no coração dos cidadãos, oculto sob o verniz (sem nenhum demérito) do ritual democrático de governo.

No espetáculo, esse cidadão tem a possibilidade de encontrar heróis que existiram em um outro tempo. "Para os gregos, essas personagens não são fictícias, nem o seu destino." Curiosa maneira de entrar em contato com personagens "que pertencem a uma outra esfera da existência". Como tudo que envolve a tragédia, aqui também reencontramos a ambivalência, pois "A consciência da ficção é constitutiva do espetáculo dramático: ela aparece ao mesmo tempo como sua condição e como seu produto."[45] Ou seja, há uma ficção que ganha sua realidade necessária para se tornar passível de credibilidade; e ela o consegue pelo efeito corpóreo, catártico, que provoca no espectador.

Os acontecimentos terríveis dão-se em um outro tempo, imaginário, mas produzem o efeito "como se fossem reais". Como vimos, eles o conseguem porque trazem a esse espectador, "através da organização dramática (...), uma inteligibilidade que o vivido não comporta. Arrancados da opacidade do particular e do acidental pela lógica de um roteiro que depura simplificando, condensando[46], sistematizando, os sofrimentos humanos, comumente deplorados ou

---

44. Idem, v. 2, p. 163. Em outro texto, os mesmo autores escrevem algo que serve de reparo: "A tragédia, bem entendido, é algo muito diferente de um debate jurídico. Toma como objeto o homem que em si próprio vive esse debate, que é coagido a fazer uma escolha definitiva, a orientar sua ação num universo de valores ambíguos onde jamais algo é estável e unívoco". V. 1, p. 13.

45. Idem, v. 2, pp. 92 e 93, respectivamente.

46. Adiante veremos como a condensação da unidade de tempo é fator importantíssimo para o efeito catártico do espetáculo. Esta condensação parece parente próxima daquela estabelecida pela psicanálise, que guarda na sua proposição a mesma idéia de que o concentrado funciona de maneira contundente e primária, sem muitas tergiversações, em qualquer homem.

sofridos, tornam-se, no espelho da ficção trágica, objetos de uma compreensão".[47]

Com uma clareza que bem poderíamos qualificar de didática, a tragédia afronta quem parece sequioso de um enfrentamento. Ela conduz o espectador a uma inteligibilidade fundada em uma lógica que não se dispersa por uma cronologia, antes pelo contrário: sua cronologia visa a condensações. Ao escolher o terreno da lenda heróica, ela evitava tratar de acontecimentos recentes que não podiam estar no palco, pois eram próximos demais para que o cidadão suportasse vê-los representados – em uma insuspeitada covardia de que há exemplos relatados pelos historiadores gregos –, mas possibilitava que os sentimentos de terror e piedade fossem "deslocados para um outro registro; não mais sentidos, como na vida real, mas de súbito apreendidos e compreendidos na sua dimensão de ficção".[48] Poderíamos até dizer, uma lógica estética, sentimental, intelectual, movida pelo objetivo de provocar um efeito. A tragédia forja um desejo pelo prazer de purgar, pela purificação aliviante, e encontra aqui sua função ritual e profilática. Ela também abre espaço para que o terrível venha caber nas coisas humanas, o que não deixa de ser um desejo dos mais intensos em todos os tempos. A tragédia é uma experiência de investigação ousada e que se propõe interminável. E, mais que tudo, ela interessa dessa maneira ao cidadão, que passa a desejá-la imperativamente. Afinal, "a tragédia não é uma medicina específica, (...) mas concerne a todo homem na medida em que, confrontado com a condição mortal, experimenta infalivelmente terror e piedade".[49]

Para Aristóteles, experimentar terror e piedade, depurar essas emoções tensionantes, apesar de toda argumentação sensorial, tem um sentido forte de prazer intelectual: ele marca com sua estética uma norma. O grande motor disso tudo é a reviravolta na trama, que tem de ser a mais perfeita em termos de execução poética. Para ele, o ponto de vista que relataremos a seguir não é decisivo.

Esta outra visão pensa a tragédia como um dar-se a conhecer através da experiência da dor. O conhecimento trágico dói: é assim que se aprende sobre si mesmo. Se a dor não estiver envolvida no processo de conhecimento, este pouco dirá àquele que o atravessa.

---

47. Idem, v. 2, pp. 95 e 96.
48. Idem, v. 2, p. 93.
49. Loraux. Op. cit., p. 29.

"A dor acarreta a agudeza do conhecimento." Esta é uma máxima esquiliana soberbamente traduzida por Werner Jaeger[50]. Ele dirá mais: "Quando o coro de Prometeu diz que só pelo caminho da dor se chega ao mais elevado conhecimento, atingimos o fundamento originário da religião trágica de Ésquilo".[51] Jaeger é secundado por Loraux que, a propósito, fala de um padecer "como lei da condição mortal", expresso pelas palavras *páthos*, substantivo, e *pãthein*, verbo no infinitivo. "*Páthos* é o que se sofre, o sofrimento, mas também a experiência que, para os humanos, se adquire somente na dor. Pronunciada, a palavra *páthos* difere apenas por uma letra de *máthos*, nome do conhecimento adquirido, e, explorando essa pequena diferença, Ésquilo formou o adágio *páthei máthos* (...) que é como a própria quintessência do trágico. 'No sofrimento, o conhecimento'; ou ainda: 'experiência dá sapiência'."[52]

Diz o ancião, que pertence ao coro de Agamêmnon:

> "*Agora os homens que convictamente*
> *vêem no grande Zeus o vencedor final*
> *desfrutam do conceito de mais sábios,*
> *pois Zeus sem dúvida foi quem levou os homens*
> *pelos caminhos da sabedoria*
> *e decretou a regra para sempre certa:*
> *'o sofrimento é a melhor lição'.*
> *Da mesma forma que durante o sono, quando*
> *somente o coração está desperto,*
> *antigas penas nossas voltam à memória,*
> *assim aos homens vem, malgrado seu,*
> *a sapiência; esse constrangimento bom*
> *é comunhão da graça procedente*
> *dos deuses entronados em augustas sedes.*"[53]

---

50. Jaeger. Op. cit., p. 282.
51. Idem, p. 291.
52. Loraux. Op. cit., p. 27.
53. Ésquilo. Agamêmnon. V. 206-219.

Loraux ainda dirá: "É por ter sofrido que se compreende, mas tarde demais, se é verdade que a revelação só ocorre no fundo do desastre".[54]

Na ficção, só tem sentido a revelação após o acontecimento. Oxalá fosse o contrário em nossa vida desperta! Não é essa a experiência do divã: ela também só acontece depois, e só pode acontecer assim. Sempre tarde demais para que possamos viver de novo, sem erros, o progresso, a infância, os amores, as falências, as doenças.

No entanto, compreender, no espetáculo trágico da análise, essa condição de erro, como uma espécie de sujeição inevitável, é, em parte, levantar-se do desastre, e, em parte, recrutar forças para suportá-lo, pois ele não deixa de existir por intermédio da compreensão. Ao seguir pesando, no entanto, diversificam-se os meios de sustentá-lo, para abrir caminho rumo ao novo (afinal a experiência deseja isto também): há o reconhecimento de uma história que já passou, até cronologicamente, e de outra que jamais passará, que a primeira deixa como restos míticos. São nossos significantes, nossas marcas, a representação que compõe uma imagem de nós mesmos para o mundo.

O exemplo de Ájax ajudar-nos-á ainda mais na percepção do que seja o elemento trágico que combina conhecimento e dor[55]. Sófocles não o diz explicitamente como Ésquilo, mas faz acontecer a experiência consciente da dor, que dá ao texto seu caráter trágico. Ájax é um texto de Sófocles sobre um dos heróis gregos que lutaram em Tróia. Ele esperava ser contemplado por Agamêmnon e Menelau com as armas de Aquiles, morto em combate, mas é preterido na escolha, que favorece Ulisses. Cego de ódio, Ájax trucida o rebanho troiano recém-conquistado, pensando tratar-se dos chefes gregos e, sobretudo, de Ulisses. Ao recobrar a consciência, e já tendo se delatado a Ulisses por meio de uma artimanha de Atena, ele se mata.

"Parece que o Ájax da lenda se matava após sua crise de furor; é Sófocles que o faz reencontrar a lucidez antes da morte."[56]

A dor trágica da lucidez: é isto que o poeta sublinha. Sem ela, não estaria completo o caminho ascendente, do afeto ao conhecimento trágico, apontado por Jaeger. Aliás, não haveria tragédia sem o reconhecimento necessário e imprescindível por que passa Ájax. Sem

---

54. Loraux. Op. cit., p. 27.

55. É importante lembrar de novo ao leitor que o tema da dor sofre tratamento trágico, mas não é específico desse gênero.

56. Vernant e Naquet. Op. cit., v. 2, p. 163.

dúvida, é a proposição de uma situação mais difícil: ela não é tecida "apenas" de loucura e suicídio. Sempre, ao fim de uma peripécia trágica, haverá esse reconhecimento do ato, muitas vezes cometido sem qualquer intenção, o que não é o caso de Ájax. Nele, o aguilhão para o desmoronamento é feito por meio de um golpe de lucidez. Se lembrarmos da caracterização do trágico, como aquilo que aponta a transição de uma forma a outra, podemos ver aqui esse movimento: de uma forma inconsciente, louca, cega, para uma consciente, com o sujeito desperto de um transe, quando a insuportabilidade do que vê leva-o ao suicídio.

Mas há mais a extrair de Ájax. Nicole Loraux exemplifica, por meio da peça, como o preceito moral que parecia irretocável acaba subvertido no texto trágico. Refere-se ao ensinamento que se deve fazer bem aos amigos e mal aos inimigos, o que pareceria óbvio e comum para muitos universos sociais, com suas respectivas ordens morais. Porém, em Ájax, Ulisses reclama para o inimigo uma sepultura, colocando-se contra as disposições de Agamêmnon.

"Quando Ulisses afirma que lamenta seu inimigo atormentado pelo desastre porque, 'em sua sorte, é a minha que vejo' (Ájax, 124), a tragédia proclama soberbamente o laço estreito que une a piedade ao sentimento que, no inimigo, esse outro, sabe ver um mesmo de si – ameaçado, mortal, frágil. Se o próprio herói acredita ironizar ao anunciar que acaba de compreender 'que não se deve odiar seu inimigo com a idéia de que o amaremos mais tarde' (Ájax, 678-682), a seqüência da tragédia se encarregará de verificar esse preceito: para esse morto, no qual Agamêmnon não vê mais que 'um cadáver odiado' (Ájax, 1.356), é Ulisses quem saberá conseguir a homenagem da sepultura, e eu abriria de bom grado um parêntese shakespeariano para sugerir que, nas últimas honras prestadas ao adversário morto, se chame ele Ájax ou Hamlet, Coriolano, Ricardo II, Brutus, há talvez algo como um invariante do pensamento trágico."[57]

Um invariante de algo que ronda o luto e, mais que ele, um invariante da condição humana, em que cada um de nós é "irretocavelmente tocado por outrem". Não há isolamento possível. Loraux, no início do seu texto, fala de uma inatualidade do gênero trágico, "essencial inatualidade" que permitiria assistirmos a um espetáculo trágico depois de decorridos 25 séculos. Ela ilustra a hipótese ao contar uma comoção ocorrida na França quando da transmissão televi-

---
57. Loraux. Op. cit., pp. 30 e 31.

siva de Os Persas, de Ésquilo, em 1961, no fim da Guerra da Argélia. Em parte, isto responde à nossa indagação a respeito dos universais. Pareceria demasiado levantar uma especulação referida diretamente ao divã do psicanalista? Não seria essa interpretação, que afinal irá concluir o texto de Loraux, de que "sobre si mesmo, aprende-se mais com o inimigo do que com o amigo, porque o terrível e a morte são os lugares obrigatórios do humano"[58], um uso daquilo que parece obrigatório no percurso de uma análise, isto é, o encontro com a alteridade? O inimigo é uma das figuras da alteridade, o amigo outra, por vezes tão mais difícil de entender e lidar! Alteridade que se refere às destituições necessárias de certas identificações e idealizações para que possamos arriscar, sem segurança alguma, uma via pessoal; alteridade que fala também, como é o caso da tragédia grega, de uma relação enviesada com a língua que nos comunica; alteridade que atesta a inexistência de qualquer dogma capaz de garantir familiaridade a um saber: este terá sempre de passar pelos lugares mais insuspeitados, para não dizer mais indesejáveis, para constituir algo que se <u>incorpora</u> e que, por seu intermédio, faz vibrar a corporeidade daquele que o porta; alteridade, por fim, para interromper uma lista na verdade interminável, do contato com o sentimento de efemeridade que vira uma espécie de constatação automática, indicativa do lugar da morte, inclusive daquela relação – entre paciente e analista – que pareceu e foi tão promissora a princípio. Tudo isso podemos aprender com o trágico e a tragédia.

Escreve Green: "A análise torna-se a tragédia da morte retardada. O Tempo é o grão-mestre da análise, que fará do analisando um infiel, um traidor de seu analista, pois ele o deixará um dia, como se deixa pai e mãe".[59]

Diz Ulisses, respondendo a Agamêmnon, que o interpela sobre a lealdade: "Eu o odiava (a Ájax) enquanto era justo odiá-lo".[60] Difícil, porém necessária, mudança de afeto. Transição das formas de sentir. É possível imaginar seu efeito?

A tragédia propõe à cidade, ao cidadão, bem mais do que a princípio uma atividade cívica pensaria ser um elemento didático ou formador. Ela considera o homem dilacerado entre a falta de justeza

---

58. Idem, p. 31.
59. Green. Op. cit., p. 272.
60. Sófocles. <u>Ájax</u>. Trad. Mário da Gama Kury. Rio: Zahar, 1993, v. 1.820, p. 140.

de suas coisas e a falta de justiça das coisas do mundo, relação que bem poderia ser um espelho dos processos brutos da natureza. Não se encontrou uma forma de garantir a igualdade entre todos, e nenhum governo, por mais equilibrado que seja, consegue apagar essa marca indelével do coração do cidadão.

"(...) É preciso referir a *kátharsis* a duas experiências simultâneas e contraditórias: a reflexividade metatrágica, que supõe um espectador bom entendedor que não é inteiramente possuído por seus afetos, e o pressentimento de um mundo cuja lei terrível e sedutora está bem distante da moral didática da cidade."[61]

Loraux diz ainda que, ao buscar o que seria próprio do humano, entendido sobretudo em sua condição de mortal, a tragédia vai perturbar mais que estabelecer certezas. Este é o terreno na qual ela busca e experimenta uma ética (uma maneira de agir). Seu jeito de operar seria por meio do contágio, uma vez que passar pela experiência do espetáculo é atravessar uma embriaguez, incentivada intencionalmente pela música, seguida por um reconhecimento desse arrebatamento que termina em uma reflexão imperiosa: sendo mortal e humano, tudo isto me interessa, disto não consigo estar livre, não há como escapar.

4. O assunto de família. A culpa.

Aristóteles, no capítulo XIV da Poética, examina os melhores meios de produzir os sentimentos de terror e piedade. Escreve ele:

"Aqueles que por meio do espetáculo produzem não o aterrorizante, mas somente o monstruoso, não têm nada a ver com a tragédia; pois não é qualquer prazer que se deve exigir da tragédia, mas o prazer que lhe é próprio. Ora, como o prazer que deve produzir o poeta vem da piedade e do terror despertados pela atividade representativa, é evidente que é nos fatos que ele deve inscrevê-los ao compô-los.

Vejamos então entre os eventos, quais são aterrorizantes, quais são piedosos. As ações assim qualificadas devem necessariamente ser aquelas de pessoas entre as quais existe uma relação de aliança,

---
61. Loraux. Op. cit., p. 30. A autora faz referência, em uma nota de rodapé, ao Seminário 7 de Lacan, em que o citando, escreve: "uma coisa diferente de uma lição de moral" é o que ele busca na figura de Antígona. Sobre esse espectador "bom entendedor", ver adiante o capítulo sobre o trágico em Nietzsche.

de hostilidade ou de neutralidade. Se há hostilidade recíproca, aquilo que um faz ou quer fazer ao outro não suscita nenhuma piedade, se isto não se dá pela violência mesma; nada mais se há neutralidade; mas o surgimento de violências no coração das alianças – como um assassinato ou um outro ato desse gênero realizado ou projetado pelo irmão contra o irmão, pelo filho contra o pai, pela mãe contra o filho ou o filho contra a mãe –, eis o que é preciso buscar."[62]

É importante realçar que não basta o fato, que é sem dúvida importante, para suscitar terror e compaixão; ele tem de passar por um tratamento que o transformará em trágico, ou seja, capaz de provocar esses efeitos sentimentais. Isto é fundamental para toda nossa discussão, pois, além de caracterizar um gênero, dota-o de uma história que começa na dramaturgia ática para depois ganhar o mundo.

O poeta dá forma trágica ao assunto. Essa forma tem a ver com a tessitura estrutural de uma ambivalência minuciosamente construída, com um diálogo entre um protagonista mítico e um coro de cidadãos, e com a visão de mundo segundo a qual há certos momentos e eventos que encerram perguntas para as quais não se encontra resposta. Nessa forma conta-se mormente a história do ocaso de alguém altamente posicionado; sua falta não foi moral, muitas vezes não foi nem intencionada, mas ele recebe o castigo inapelavelmente; pode ser vista como injusta, portanto. Em virtude disto, o espetáculo faz emergir questões e inquietações quase automaticamente no espectador, sem que para elas exista qualquer conforto imediato, se é que haverá algum depois de decorrido um tempo maior da experiência.

Dentro do universo das alianças (*philia*), o assunto de família é um manancial fantástico de temas. E aqui nos perguntamos sobre o que antecede o que: o assunto de família ao tratamento trágico ou vice-versa? Quando a família passa a ter a importância que ela nunca mais parou de angariar, ainda que talvez estejamos no limiar de um tempo que assistirá a seu declínio? Da pena de Aristóteles, sabemos, no entanto, que assuntos intrafamiliares, em especial os transgressivos, passionais e criminosos, emocionam soberbamente.

André Green, comentando o texto de Aristóteles, escreve: "A família é (...) o espaço trágico por excelência. Sem dúvida porque os laços de amor – portanto de ódio – são nela os primeiros em data e em importância. Mas a fábula deve terminar no reconhecimento: passagem da ignorância ao conhecimento. *Re*conhecimento pela

---

62. Aristóteles. Op. cit., XIV, 53 b 8-21.

*re*presentação. O espaço trágico é o espaço do desvelamento e da revelação das relações originárias de parentesco, que jamais opera tão eficazmente quanto no reviramento da peripécia".[63]

Para Green, as relações de parentesco "nos revelam qualquer coisa de essencial sobre a subjetividade que é inseparável do trágico, trazendo à luz a relação do sujeito com seus genitores ou que o estudo destas relações só pode ser plenamente concebido no quadro do trágico, para desvelar seu papel constituinte da subjetividade".[64]

A teogonia olímpica, com deuses individualizados, que acompanha a tragédia é toda ela familiar. Há um pai que disputou com o próprio pai a possibilidade de existir, filhos e filhas que disputam espaço e poder no domínio das coisas humanas, enredos intrincados e repetidos, tais como comumente são os assuntos de família. A teogonia é uma cosmovisão do que interessa aos homens em determinado momento, do que lhes vai pela alma. Esse retrato especular visa, disciplinar as relações humanas e é de fato interessante notar como as proibições que civilizam também dizem respeito aos deuses.[65] Apenas estes podem mais que os homens quando se trata dos atos que os homens têm ou tiveram de executar. Os deuses desfrutam de uma onisciência que permite ao homem atribuir-lhes tudo aquilo que parece acontecido impensadamente. A tragédia vem mudar algo nessas relações. Há, por exemplo, a figura da *Atê*, uma divindade antiga[66] a quem é atribuído o ato de tentação ou de loucura: sua bela história conta que caminha por cima das cabeças dos homens e esmaga com seu peso as mais fracas, ou as encontradas em um momento de fraqueza. Ou então cabeças que estão no fio de navalha da discussão trágica: ou bem elas pertencem à *pólis*, na figura de seus governantes mais justos, ou bem pertencem à família, em que começa a haver necessidade de purificação, pois algum ato poluidor já foi cometido. Pouco importa aqui se este ato aconteceu no presente, executado por aquele protagonista; na esfera dessa dramaturgia os

---

63. Green. Op. cit., p. 18.
64. Idem, p. 54.
65. É claro que algumas condições fazem variar as proibições no que tange aos deuses. A respeito do incesto, praticado no Olimpo, escrevem Vernant e Naquet: "Mas os deuses, formando no Olimpo uma única e mesma família, não têm outra escolha senão a aliança inferior e a endogamia". V. 1, p. 72.
66. A *Atê* possui uma polissemia capaz de designá-la como estado de alma ou divindade, mas que aponta sempre para um humor alterado, louco, nebuloso, que leva ao cometimento do ato desmedido, início da perdição para quem o cometeu.

crimes amaldiçoados, cometidos por algum membro da família, são carregados por todos os demais pertencentes à linhagem. É o caso de Etéocles, um dos filhos de Édipo. Em Os sete contra Tebas, de Ésquilo, ele governa a cidade e tem de defendê-la do ataque organizado por Polinices, seu irmão, que o considera um usurpador. A oscilação entre cidadão e homem de família que percorre a personagem de Etéocles explica-se, *a posteriori*, pela introdução de um poder divino: como se ele estivesse tomado...

"A verdadeira personagem de *Os sete* é a cidade, isto é, seus valores, os modos de pensamento, as atitudes que ela exige, e que Etéocles representa à (sua) testa (...). Basta que ele ouça falar de Polinices para que imediatamente, lançado fora do mundo da *pólis*, ele seja entregue a um outro universo: torna-se o Labdácida da lenda, (...) das grandes famílias reais do passado sobre as quais pesam as poluções e maldições ancestrais. Ele que encarnava (...) as virtudes de moderação, de reflexão, de autodomínio que fazem o homem político, precipita-se bruscamente em direção à catástrofe, entregando-se ao ódio fraterno de que está inteiramente 'possuído'. A loucura assassina que, daí por diante, vai definir seu ethos não é somente um sentimento humano, é uma força demoníaca que ultrapassa Etéocles em todos os sentidos. Ela o envolve na nuvem escura da Atê, como um deus que se apossa do íntimo daquele cuja perda decidiu (...)."[67]

Sabemos que a tragédia é toda ela, em uma de suas vertentes interpretativas principais, a discussão da mudança de teogonia e da relação desta com os homens. Entre os velhos deuses, cujo sinal de estruturação familiar é praticamente nulo, e os novos, cujos laços de parentesco sempre nos esforçaremos para guardar na memória, assim como aqueles das sagas trágicas, a diferença nesse aspecto é colossal. As Erínias são filhas da Noite! Pertencem a uma teogonia inspirada nas forças e nos fenômenos da natureza que deixa suas marcas na nomeação dos domínios dos deuses olímpicos. Mas nestes, assistimos inclusive a uma hierarquização de poderes, conforme a proximidade ou distância do parentesco.

Além do mais, a tragédia tem outra intenção em relação ao universo divino, que caracteriza mais um degrau de sua ambivalência constituinte: "Ésquilo não tinha de reviver o mundo das divindades: esse era o mundo em que ele nascera. E a sua intenção não é levar os seus conterrâneos para esse mundo, mas, pelo contrário, conduzi-

---
67. Vernant e Naquet. Op. cit., v. 1, p. 21.

los através e para fora dele. E tentou fazê-lo, não, como Eurípedes, pondo em dúvida a sua realidade através de argumentos intelectuais e morais, mas mostrando-a capaz de uma interpretação mais elevada e, nas <u>Eumênides</u>, mostrando-a transformada, pelo poder de Atena, no novo mundo da justiça racional".[68]

Essa interpretação merece apenas um reparo. A justiça racional desse tempo está também assegurada pelas divindades de um outro tempo, para punir atos que recentemente passaram a ser considerados crimes para a coletividade: crimes de sangue, crimes em família. Antes eles eram automaticamente punidos, em uma esfera que só mais tarde foi denominada como privada.

Acompanhada por uma teogonia que a antecede historicamente, a tragédia vai dar um tratamento especial ao assunto de família, um tratamento trágico.

"(...) Foi a época arcaica que refundiu as lendas de Édipo e de Orestes como histórias de horror de culpa sangrenta, que fez da purificação a principal preocupação da sua maior instituição religiosa, o Oráculo de Delfos (...)."[69] É Dodds ainda quem nos fala de uma distância entre a época de Homero e a época arcaica, ao comparar a saga de Édipo, presente nas duas: "Na última (a de Sófocles), Édipo transforma-se num proscrito poluído, esmagado sob o peso de uma culpa 'que nem a terra, nem a chuva sagrada, nem a luz do Sol podem aceitar'. Mas, na história que Homero sabia, ele continuava a reinar em Tebas depois de sua culpa descoberta e é eventualmente morto em combate e enterrado com honras reais. Foi aparentemente uma epopéia continental, a Tebaida, que criou o sofocliano 'homem de infortúnios'".[70]

A aparição do mito de Édipo na Odisséia é a seguinte, relatada por Ulisses:

---
68. Dodds. Op. cit., p. 50.
69. Idem, p. 54.
70. Idem, p. 45.

> *"Vi, depois dela, a mãe de Édipo, a bela rainha*
> *Epicasta,*
> *a quem o filho, assassino do pai, por esposa tomara.*
> *Nesse atrocíssimo crime a mãe dele insciente foi*
> *cúmplice.*
> *Em breve os deuses, porém, aos mortais o ocorrido*
> *contaram.*
> *Ele, trabalhos bastantes em Tebas sofreu primorosa,*
> *quando imperava os Cadmeios, conforme os desígnios*
> *dos deuses.*
> *Ela, tomada de dor indizível, em trave elevada*
> *corda sinistra passou e desceu para o Hades palácio*
> *de solidíssimas portas. Ao filho legou sofrimentos*
> *inumeráveis, que Erínias maternas a ponto*
> *executam."*[71]

Vernant e Naquet secundam essa posição ao dizer que "(...) nas primeiras versões do mito não há, no conteúdo legendário, o menor traço de autopunição, porque Édipo morre tranqüilamente instalado no trono de Tebas, sem ao menos ter furado seus olhos. É precisamente Sófocles que, conforme a necessidade do gênero, dá ao mito sua versão propriamente trágica (...)"[72].

Aristóteles fala do laço entre membros da família, uma das formas de *philia*[73]. A família é um lugar privilegiado no estabelecimento de alianças, ainda que porte uma marca que identifica aqueles indivíduos sujeitos a uma mesma maldição, tal como os Labdácidas ou os Átridas; esse sentimento familiar opõe-se "ao desejo amoroso, que leva a um outro que não si mesmo, outro pelo sexo, outro pelo parentesco".[74] Essa oposição estará na base dos motivos de todo o

---

71. Homero, Odisséia. Trad. Carlos Alberto Nunes. Rio: Ediouro. s/d. Canto XI, 270-280, pp. 154 e 145.

72. Vernant e Naquet. Op. cit., v. 1, p. 66.

73. A respeito da *philia,* escrevem Dupont-Roc e Lallot: "Os exemplos dados ('o irmão') não devem fazer concluir que a *philia* limite-se ao parentesco pelo sangue. Eles indicam, em compensação, (...) que a palavra designa não um laço afetivo de amizade, mas uma relação objetiva, reconhecida socialmente, que faz dos indivíduos concernidos *aliados* (pelo sangue, casamento, hospitalidade, etc.) entre os quais toda forma de violência constitui um *escândalo* próprio a fazer tremer (*deinon* aplica-se de bom grado àquilo que é terrível enquanto objetivamente escadaloso). Inversamente, *ekhtrhra* designa a relação oposta, que constitui os indivíduos como *hostis* e faz da violência a modalidade normal de suas relações". Op. cit., p. 254.

74. Vernant e Naquet. Op. cit., v. 1, p. 73.

drama de Antígona, a filha de Édipo que se vê condenada por Creonte à morte, por ter dado sepultura a Polinices, seu irmão. Ele atacou Tebas, na disputa com seu outro irmão, Etéocles. Ao ser enterrada viva, a heroína acaba acompanhada por Hémon, filho de Creonte, que se vê também castigado ao final da peça. Hémon era pretendente de Antígona. A luta, no entanto, entre as ligações familiares e as obrigações devidas ao Estado acaba sem conciliação. Há razões de Estado, não se pode enterrar um traidor; mas há razões que falam de um sentimento maior, todo humano deve receber ritualmente as honras fúnebres, para diferenciar-se das feras.

"Sem dúvida, um drama como *Antígona* opõe com a nitidez que conhecemos a livre arrogância de uma *philia* plenamente assumida ao simples respeito da lei da cidade, e manifesta a tomada de consciência do arbitrário possível desta última, mas ela só o faz revelando antes a superioridade da lei divina sobre a lei humana e o caráter categórico de seus imperativos."[75]

A oposição que rasga Antígona – mais a peça trágica que a personagem, pois esta não vacila um instante sequer – fala desse lugar privilegiado do familiar:

"A *philia* (...) é um sentimento que se dirige a seu *oikos*, à sua família, que ela (Antígona) se recusa a dividir entre o irmão leal à cidade e o que morreu (assassinado pelo irmão e seu assassino) atacando-a, mas o *oikos* que ela defende desmedidamente é o incestuoso e monstruoso de Édipo e dos Labdácidas."[76]

Essa luta entre o domínio familiar e um outro maior, que o engloba, e tem em relação a ele objetivos radicalmente diferentes, desejante que é de unir sempre um maior número de pessoas, foi descrita por Freud como um dos grandes pilares do sentimento de mal-estar. Há uma diferença dessa interpretação em relação ao universo grego, justamente quando se pensa na questão da *philia*. Não há para os gregos essa oposição nos termos que a psicanálise propõe. O Estado é uma figura maior de *philia,* de estabelecimento de alianças (que envolve as alianças militares). Antígona, ao optar pela família, decreta sua morte.

A tragédia afirma que nunca haverá tal lugar intocado da família, quando não é ele próprio o nó górdio a desatar. Mas, ao mesmo

---

75. Fraisse, J.-C. Philia – La notion d'amitié dans la philosophie antique. Paris: Librairie Philosophique J. Vrin, 1984, p. 76.

76. Vernant e Naquet. Op. cit., v. 1, p. 73.

tempo ela está a nos dizer que sempre haverá, no que tange ao familiar e à sua preservação originária, forças altamente potentes que reagirão à união com outras famílias e com a organização maior, o Estado. Também para Creonte, quando as razões de Estado ficam satisfeitas, começa o drama familiar da morte do filho. Certo, havia uma tentativa de casamento exogâmico a sublinhar sua morte; mas ela chocava-se com a razão política, que exigia a morte de Antígona pelo ato criminoso do sepultamento. Quanto mais falarmos, mais enroscados na tessitura da trama estaremos, sem conseguir organizar o pensamento para concluir alguma coisa. Antígona, como disse Ricoeur, "é um trágico da contradição insolúvel".[77]

A preservação da constelação familiar enquanto tal é frontalmente contra qualquer fertilidade. Assim, "as duas divindades que são invocadas pelo coro, Dioniso e Eros, não condenam apenas Creonte. Postados nas fileiras de Antígona, enquanto deuses noturnos, misteriosos, próximos das mulheres e estranhos ao político, eles voltam-se contra a jovem porque exprimem, até nos seus liames com a morte, as potências da vida e da renovação".[78] A atitude da heroína é reveladora de algo apenas sustentável se terminar em morte; na vida cívica, terá de ser inelutavelmente moderado, em prol da preservação da coletividade. Esta porém terá de fazer a distinção entre um traidor vivo, que deve ser combatido (e as razões de Estado justificam isto), e um homem morto, a quem não pode faltar a sepultura. Isto não só ofende aos deuses como rebaixa o próprio homem naquilo que conquistou culturalmente.

Entre Antígona e Creonte se opõem "dois tipos diferentes de religiosidade: de um lado, uma religião familiar, puramente privada, limitada ao círculo estreito dos parentes próximos, (...) centrada no lar familiar e nos mortos – de outro, uma religião pública onde os deuses tutelares da cidade tendem a confundir-se com os valores supremos do Estado. Entre esses dois domínios da vida religiosa, há uma constante tensão que, em certos casos (os mesmos que a tragédia conserva), pode conduzir a um conflito insolúvel".[79] A cidade deve prevalecer para o melhor de todos, o que não exclui o pior para alguns: exatamente o que desenha para nós sua condição trágica.

---

77. Op. cit., p. 215.
78. Vernant e Naquet. Op. cit., v. 1, p. 74.
79. Idem, v. 1, p. 25.

Ainda que por razões estéticas, mas desenhando o mesmo tipo de oposição, vemos Jocasta, na peça de Sófocles, sugerir a Édipo terminar sua investigação no momento em que percebe de qual ascendência fala o pastor a quem foi entregue o bebê real, muitos anos antes. A razão estética tem a ver com a preparação do desfecho, para o qual essa cena acrescenta um grau de tensão superlativo. Porém, justamente, tal acréscimo só se dá porque o tema em questão reverbera a ebulição afetiva colada à existência problemática da família. Para manter a situação de coesão familiar, que vai contra os interesses do Estado – pois este sofre uma peste por um crime ainda impune, o assassinato de Laio – e por outro tão grave quanto, o incesto, mas que até esse momento permanece inconsciente – Jocasta prega a ignorância. Na confusão entre a defesa do *oikos* familiar e as razões da coletividade, ela coloca-se ao lado do primeiro, em uma escolha que não se manterá por muito tempo. Nem poderia, se seguirmos a lógica de que prevalece nesse embate o interesse coletivo, irreconciliável com o individual. É também para demonstrar esta máxima que nasce o gênero trágico.

Apenas mais um adendo para corroborar essa idéia. Jocasta, na peça, banaliza o sonho de incesto, dizendo-o comum[80]. De fato, o sonho de dormir com a mãe pode significar genericamente muitas coisas: morte, fertilidade, posse da terra, do poder, traduções simbólicas arroladas com a onirocrítica da época. O interessante, que serve de alerta para um psicanalista do século XX, é que pode haver aí sim um impulso proibido. Mas, "devemos dizer que o disfarce necessário do impulso proibido era realizado, não no próprio sonho, mas por um processo subseqüente de interpretação, que lhe deu um inofensivo significado simbólico".[81] Tornar o proibido anódino serve à preservação do familiar e, no caso, do endogâmico incestuoso.

Freud, em seu livro sobre o mal-estar na civilização, parece dividir com os trágicos uma certa posição. Ele fala de um conflito absolutamente semelhante ao que se desenrola em Édipo-Rei, peça que informa a psicanálise desde o seu primórdio. É interessante notar, na proposição freudiana, como os termos com que ele desenvolve suas idéias transpiram a grande atmosfera pessimista dos textos gregos. Vejamos:

---

80. Sófocles. A trilogia tebana. Trad. Mário da Gama Kury. Rio: Zahar, 1989, v. 1166, p. 68.
81. Dodds. Op. cit., nota 216, p. 72.
Cf. Green. Op. cit. p. 63, nota 7.

"Tal divórcio entre amor e cultura parece, pois, inevitável (...). Começa a manifestar-se como um conflito entre a família e a comunidade social mais ampla à qual pertence o indivíduo. Já vimos que uma das principais finalidades da cultura persegue a aglutinação dos homens em grandes unidades; mas a família não está disposta a renunciar ao indivíduo. (...) O modo de vida em comum filogeneticamente mais antigo, o único que existe na infância, resiste a ser substituído pelo cultural, de origem mais recente.

A discórdia seguinte é causada pelas mulheres, que não tardam em se opor à corrente cultural, exercendo sua influência dilatória e conservadora. (...) As mulheres representam os interesses da família e da vida sexual; a obra cultural se converte cada vez mais em tarefa masculina, impondo aos homens dificuldades crescentes e obrigando-os a sublimar suas pulsões, sublimação para a qual as mulheres estão escassamente dotadas. Dado que o homem não dispõe de energia psíquica em quantidades ilimitadas, se vê obrigado a cumprir suas tarefas mediante uma adequada distribuição de libido. A parte que consome para fins culturais, (ele) a subtrai, sobretudo, da mulher e da vida sexual (...). A mulher, vendo-se assim relegada a segundo termo pelas exigências da cultura, adota frente a esta uma atitude hostil."[82]

Seguir Freud nesse texto é acompanhar, com muita perplexidade, o desenho pessimista de uma situação. Em termos bastante genéricos, antropologicamente falando, assim vivem os homens. Não há possibilidade de solução para esse conflito que agora já está desmascarado: o que Freud chega a sugerir, para melhorar o estado do doente, ele mesmo considera como atenuante, talvez paliativo, jamais solução definitiva, pois estamos diante de algo maior que um enigma. Sabemos conceituá-lo, não sabemos o que fazer com ele. A situação é diagnosticada de maneira mais dramática pelo próprio Freud, quando diz que há uma dinâmica geradora de mal-estar que parece caminhar sozinha: a repressão da sexualidade e da agressividade incrementam o Superego que se torna imbativelmente poderoso. O fim disto conhecemos.

"O drama antigo explora os mecanismos pelos quais um indivíduo, por melhor que seja, é conduzido à perdição, não pelo domínio da coação, nem pelo efeito de sua perversidade ou de seus vícios, mas em razão de uma falta, de um erro, que qualquer um pode cometer. Desse modo, ele desnuda o jogo de forças contraditórias a que o homem

---
82. Freud. Op. cit., v. 3, p. 3.041.

está submetido, pois toda sociedade, toda cultura, da mesma forma que a grega, implica tensões e conflitos. Dessa forma, a tragédia propõe ao espectador uma interrogação de alcance geral sobre a condição humana, seus limites, sua finitude necessária. Ela traz consigo, na sua mira, uma espécie de saber, uma teoria relativa a esta lógica ilógica que preside à ordem de nossas atividades de homem."[83]

Toda a elaboração da tragédia em torno da família guarda relação com a situação dessa organização humana e especialmente com a importante figura do pai. Dodds refere-se a uma transformação por que passa a situação do pai. Inicialmente, a ele é devida toda obediência e devoção, ele é um rei dentro de casa, a família sendo a "pedra angular da estrutura social arcaica". Honrar o pai era o segundo dever de cada homem, logo depois do temor devido aos deuses. Na época de elaboração da consciência trágica, época de "crescente reivindicação de direitos e responsabilidades pessoais"[84], a posição do pai, bem como o lugar absoluto da família, está mais titubeante.

"Tal como são as muitas histórias em que a maldição do pai origina terríveis conseqüências – histórias como as de Fênix, Hipólito, Pélops e o filho, Édipo e os filhos –, todas elas, parece, produtos de um período relativamente tardio, em que a situação do pai já não era completamente segura."[85]

Parece que alcançamos uma nitidez magnífica dessa insegurança com o contraponto cômico de Aristófanes: ele coloca em cena uma personagem que bate no pai e argumenta a favor de seu gesto.[86]

O pai que Antígona conduz em Édipo em Colono não é mais o pai que provê e tiraniza, mas um pai alquebrado, vergado pela culpa

---

83. Vernant & Naquet. Op. cit., v. 2, p. 96.
84. Dodds. Op. cit., p. 56. Esse autor dirá que já no século VI a.C. Sólon se vê obrigado a legislar a respeito das relações familiares, introduzindo salvaguardas favoráveis aos filhos, limitantes do poder tirânico dos pais. Em uma sociedade que se democratiza, em sentido pleno, parece impossível manter o mesmo status jurídico ou os mesmos deveres nas relações domésticas. O poder da família, no entanto, permanece tão fortemente presente que Platão também lhe cede lugar em sua legislação. É notável, entretanto, como uma crise já se configura: o laço filial em casa e o cidadão na rua parecem duas coisas tão díspares que ganham uma distância para sempre intransponível, tal como o Ocidente viverá em sua História milenar. Tanto da pena de Freud, que aqui nos interessa particularmente, como dos textos trágicos, esta oposição de interesses, desejos e comportamentos, sobressai como uma grande marca a gerar elaborações estéticas e teóricas que dêem conta desta cisão perturbadora, ferida jamais cicatrizável.
85. Idem, p. 57.
86. Dodds. Op. cit., p. 57.
   Aristófanes. As Nuvens. Trad. Mário da Gama Kury. Rio: Zahar, 1995.

e pela vergonha. O texto trágico fala da velhice do pai, esse amargo pedaço da vida em que o brilho das realizações já se apagou e o luto inescapável começa a tomar forma. Assistimos a esse desfecho que é mais próprio do homem que do cidadão, embora esse comentário não contemple a disputa em torno do lugar de sepultamento de Édipo, que trará as bênçãos para a cidade que o receber após a morte.

A ambigüidade com que a cena trágica constrói toda a tensão que surtirá seu efeito catártico debruça-se sobre a questão familiar por um motivo evidente. Incômoda que era por sua impropriedade em adaptar-se facilmente aos novos tempos políticos, a situação familiar será fonte inesgotável de sentimentos contraditórios, na qual estarão em jogo da maneira mais aberta os conflitos entre o velho e o novo. A teogonia, como já dissemos, espelha essa situação. O sentimento religioso arcaico ver-se-á cada vez mais contaminado por um "crescente sentimento de culpa".[87]

Em sendo assim, "(...) a preferência de Aristóteles entre os temas trágicos para atos de horror cometidos *en tais philiais* e entre os de histórias em que o ato criminoso é evitado no último momento por uma *anagnôrisis* (reconhecimento) é determinada inconscientemente pela sua grande eficácia, como reação contra sentimentos de culpa (...)".[88]

Trata-se de conseguir o efeito? Então o poeta vai atrás daquilo que é capaz de efetivá-lo. Há aqui uma afronta àquilo que é próprio do cidadão, espécie de construção que se erige sobre o homem, e que tenta ganhar foros cada vez mais tradicionais. Não é à toa, como veremos adiante, que Platão desaconselhará veementemente o espetáculo trágico, pois ele leva às lágrimas e à desestruturação mesmo o mais constituído dos cidadãos.

A culpa surge como sentimento ligado à questão familiar, no que há uma semelhança contundente com o mito originário construído por Freud, em Totem e Tabu. Mas estamos falando de culpas diferentes.

A culpa grega, ou o sentimento que lhe é correlato na época clássica, reverbera intensamente na dramaturgia trágica. Como já frisamos, seu aspecto mais marcante é o de não ser moral. Sua motivação é diferente daquela acarretada por algum delito ou maldade praticada contra um semelhante, no caso, um cidadão. A intenção

---

87. Idem, p. 56.
88. Idem, nota 221, p. 73.

não é uma categoria que faça parte desse universo.[89] O exemplo de Édipo ilustra uma culpa angariada inconscientemente, mas vai além disto: era uma culpa de família, herança malfazeja de um crime cometido ancestralmente. O próprio Édipo encarregar-se-á de transmiti-la à sua descendência, quando amaldiçoa Polinices que lhe vem pedir as bênçãos para combater Etéocles em Édipo em Colono. Para a tragédia, uma vez estabelecido o contágio da culpa, que demanda purificação (catarse), dele não se escapa mais. Cada personagem pertencente ao *oikos* realiza seu destino (moira) e nele sofre o caminho purificador, sem no entanto conseguir o perdão do delito.

Este é o caminho trágico. Os rituais de purificação, presentes na história grega que antecede a tragédia, realizavam a contento sua finalidade: liberar o indivíduo da culpa adquirida por contágio. A consciência trágica ou o sentimento trágico exacerbarão essa culpa, tornando-a praticamente incurável, até mesmo pela purificação. Na verdade, Édipo cura-se, na morte, quando está em absoluta santidade. Mas alguém segue carregando aquilo pelo que ele foi condenado.

Não é em todas as tragédias que a culpa acarreta esse destino funesto. Convém lembrar que a solução da saga dos Átridas é diferente. Depois de sofrer a perseguição das Erínias, as mesmas que Édipo transmite ao filho, Orestes é perdoado. Seu final feliz, em uma peça que não é em si mesma trágica, é sustentado pela intervenção de uma divindade nova e por uma nova justiça. A idéia da culpa contagiosa, infeccionante, miasmática, começa a sofrer uma transformação. Seu primitivismo inatual tem de ser moderado na ordem laica do mundo. "(...) Foi o sentimento de culpa, crescendo gradualmente, característico de uma época posterior, que transformou a Atê num castigo, as Erínias em ministras de vingança e Zeus na personificação da justiça cósmica."[90]

Mas é enquanto sentimento pintado em cores primárias que ele arrebata a audiência. A culpa, quando é veiculada na tragédia, tem também o caráter terrível de permanecer inconsciente até o desvelamento final da ação. E ela está absolutamente imbricada no seio da família, mais especificamente no universo das ofensas familiares.

"(...) Como poderia um homem estar certo de que não contraíra o mal por um contato fortuito ou não o herdara de uma ofensa esque-

---

89. Escreve Dodds: "(...) a justiça grega primitiva não se preocupava com a intenção – era a ação que importava", p. 9.

90. Idem, p. 27.

cida de qualquer antepassado remoto?" A indeterminação era, segundo Dodds, a mais penosa das preocupações. "A poluição é conseqüência automática de uma ação, pertence ao mundo dos acontecimentos externos, e age com a mesma indiferença cruel a motivos como um vírus da tifóide."[91] Estamos em um mundo movido por uma concepção mágica da pureza, que se transformará ulteriormente na pureza moral.

Essa discussão tangencia necessariamente uma outra que a tragédia elabora e que passa a ser eterna e universal. Já nos referimos a ela quando falamos da intenção do agente quanto à sua ação.

"(...) A tragédia corresponde a um estado particular de elaboração das categorias da ação e do agente. Marca uma etapa e como que uma virada na história dos avanços do homem grego antigo na direção da vontade."[92] Essa mudança, no entanto, comporta a mesma tensão que observamos em múltiplos aspectos da estética trágica. Ela é ambígua, até certo ponto indecisa, pois não pode contar com meios que facilitem em definitivo uma solução permanente. Assim, a vontade ou a intenção de um personagem trágico nunca pode ser imputada em absoluto a ele mesmo. O quanto há nela de desígnio divino, de obediência inconsciente à qual ele se submete, é sempre uma conta que se calcula depois do ato. Este passa a ser cometido impensadamente, ou no acesso de loucura, como em Ájax. No caso, trata-se de uma loucura imposta pelos ardis de Atena, protetora de Ulisses. Em conformidade com esse mundo indefinível a partir de um conceito exclusivamente humano e racional, é de uma sabedoria ímpar a acaciana fala do Corifeu ante o lamento de Ájax: "Aconteceu; o que é não deixará de ser".[93] Cabe aceitar a manobra imposta, afinal fala-se da parte não-democrática da existência, aquela que se deseja pouco a pouco desterrada da vida da cidade. Acontece ser ela o fulcro do interesse do espetáculo, ou melhor, não apenas ela, mas sua imbricação com o novo mundo, novos modos de ver e julgar a ação humana.

Além disso, essa parte pertence àquilo que diríamos próprio do homem: ele é capaz de enlouquecer independentemente do regime

---

91. Idem, pp. 45 e 46, respectivamente. Essa indiferença virótica é nossa infeliz companheira em tempos atuais. Seria interessantíssimo pesquisar para que serve a moralização extremada do contágio. Seria um meio de defesa para a impotência humana? Tentativa de transformar a indiferença em algo apropriável? Seja o que for, a resposta moral, no péssimo sentido do termo, é inigualavelmente covarde, antitrágica por excelência!

92. Vernant & Naquet. Op. cit., v.1, p. 50.

93. Sófocles. Ájax. V. 523.

político sob o qual vive! Essa constatação pesarosa nunca deixou de interessar a poesia trágica. É sobre esse tipo de coisa incontornável, inextirpável da assim chamada natureza humana, que ela constrói sua concepção de homem, aquele que não é totalizável por qualquer sistema, pois está em eterna movência entre as formas que encontra para viver.

O jogo de ambigüidade que se esboça quando falamos da ação do herói trágico originou a teoria da "dupla motivação". Estabelecida por Lesky, ela permite pensar que a sujeição ao desígnio divino, tema fundamental e fundante do efeito tensionante do espetáculo, é um dos planos de intelecção que se pode percorrer. Há um outro aspecto, que parece não combinar com este primeiro, "que o texto impõe como uma das dimensões essenciais da decisão trágica".[94] Há, depois de imposta a ordem que deve ser obedecida, um movimento do personagem em direção a ela, que indicaria uma disposição maior, muito maior, que o mero cumprimento a contragosto de algo que não se quer executar. O exemplo dado é o do sacrifício de Ifigênia por seu pai Agamêmnon: a frota grega não teria os ventos necessários para alcançar Tróia se ela não fosse sacrificada. Eram ordens de Ártemis. "O que Agamêmnon é coagido a fazer sob o jugo de Ananké é também o que ele deseja de todo coração, se é a esse preço que deve ser o vencedor. O sacrifício exigido pelos deuses, na decisão humana que ordena sua execução, reveste-se da forma de um crime monstruoso cujo preço deve ser pago."[95] A continuação da história de Agamêmnon nos dirá quão grave esse crime foi... O que nos interessa sublinhar, com Vernant e Naquet, é a "paixão" com que essa personagem "por razões que lhe são próprias e que se revelam condenáveis se precipita por si mesma no caminho que os deuses, por outros motivos, tinham escolhido".[96]

Como resolver esta ambigüidade de tal maneira costurada na trama que "une e opõe" os planos humano e divino? "É essa presença simultânea, no seio de sua decisão, que nos parece definir, por uma constante tensão entre dois pólos opostos, a natureza da ação trágica."[97]

---

94. Vernant e Naquet. Op. cit., v. 1, p. 50.
95. Idem, pp. 50 e 51.
96. Idem.
97. Idem. p. 52.

É preciso lembrar que, apesar da simultaneidade dos dois planos, encaminhando a idéia de dupla motivação, eles não se confundem, especialmente quando funcionam como opostos. Na mesma ação, o poeta coloca aspectos "contrários e indissociáveis".[98]

Isto abre caminho para que o herói, depois de sofridas as agruras impostas pelo destino definido em instâncias supraterrenas, liberte-se em parte dessa determinação cometendo deliberadamente o seu ato pessoal. É o caso de Édipo ao furar seus olhos, impondo-se um sofrimento que, por ser escolhido, diz o texto trágico, é maior. Desenha-se uma linha que tenta demarcar o que é ordem oracular e o que é decisão pessoal. "Colocado na encruzilhada de uma escolha decisiva, diante de uma opção que comanda todo o desenvolvimento do drama, o herói trágico se delineia comprometido na ação, em face das conseqüências de seus atos."[99]

Qual a relação do homem com seus atos? É essa indagação inquietante e apenas em parte respondível que a tragédia enquanto gênero coloca em pauta, no século em que predominou. Há ainda um acréscimo a ser feito: apenas ao final de sua trajetória dramática o herói protagonista pode compreender "o sentido real daquilo que se realizou sem que o quisesses, sem que o soubesse".[100]

Essa idéia de uma dupla motivação, em que as determinações seguem ordens apenas compreensíveis ao final de um ciclo de atos, unidade substantiva do texto trágico, cria o conflito que definirá a culpabilidade trágica: "constante confronto entre a antiga concepção religiosa da falta, polução ligada a toda uma raça, transmitindo-se inexoravelmente de geração em geração sob a forma de uma *Atê*, de uma demência enviada pelos deuses, e a concepção nova, posta em ação no direito, onde o culpado se define como um indivíduo particular que, sem ser coagido a isso, escolheu deliberadamente praticar um delito".[101]

Em uma época de transição em direção a um mundo mais laico, o homem padece uma relação ambígua com respeito à divindade. Daí uma espécie de obsessão, traduzível por "um receio universal da poluição (*miasma*) e o seu correlato, o desejo universal da purificação

---

98. Idem, p. 54.
99. Idem, p. 55.
100. Idem, p. 56.
101. Idem, pp. 56 e 57.

ritual *(kátharsis)*"[102]. Antes que uma generalização venha esvaziar toda a riqueza dessa complexa solução de compromisso que é como se tornou possível a vida anímica do homem grego, convém sublinhar que ele herda uma equação cujos termos provém de influência indo-européia. Há uma história por trás desse arranjo, que a época arcaica elabora à maneira da consciência trágica, parecendo refundir, em um exercício de estilo surpreendente, algo cuja força era insuspeitável. Muito menos a sua duração na história ocidental.

Ecos dessa concepção de culpa e da falta, ocasionadas por um desígnio cuja presença ignoramos por completo reverberam na idéia psicanalítica de sintoma, ou de comportamento, sintomático, já que se trata também de conceituar uma ação impensada. Ou quase! Há nela, como disse Freud, uma sobredeterminação de causas. Mas há aí, principalmente, uma adesão que se torna, no decorrer de sua própria precipitação, uma paixão que não se detém mais e não detém sua repetição. Além disso, a semelhança reside nessa incrível disposição da vida em nos contaminar com coisas, representações, ou o que se queira chamar, pelas quais um caminho começa a se desenhar até que o acontecido não possa mais deixar de ter acontecido. E, nesse ponto, não resta mais ao sujeito outra opção que a de "responsabilizar-se", como disse Lacan, pelo seu sintoma, arcar com ele e pagar o preço dessa queda na paixão. Estamos absolutamente próximos do humano que o trágico inventa.

Porém, é preciso ainda um reparo diferenciador da noção de culpa, cuja natureza amoral na tragédia difere daquela que a psicanálise cria em sua antropologia originária. De fato, quando está em discussão a natureza do sintoma, sua atualidade gritante, impossível de ser ignorada, a última atitude terapêutica seria a de ordem moral: isto no melhor dos mundos! Mas quando se trata de estabelecer a fonte da culpabilização, origem importante do campo sintomático, é por um ato moralmente condenável que se inicia a noção psicanalítica de homem.

Em Totem e Tabu, Freud refaz o percurso do que teria sido o advento do universo cultural, a partir da operação de dois preceitos que caracterizariam sua diferenciação radical de um suposto estado de natureza[103]: a proibição do incesto e a exogamia que lhe é conco-

---

102. Dodds. Op. cit., p. 44.

103. A oposição aqui entre natureza e cultura é um ponto fulcral; isto difere do universo trágico grego, em que a oposição entre teologias ou a preocupação política a respeito do cidadão ocupam o centro da cena literalmente.

mitante. O desenho dessa trajetória inicia-se com o mito do assassinato do pai da horda primitiva, macho que detinha para si todas as fêmeas, expulsando os outros machos mais jovens da convivência grupal. Estes unem-se para cometer o crime e, segundo esse relato, devoram o pai em um banquete totêmico. Uma vez cometido, o ato passa a suscitar remorso e nostalgia, emergência de sentimentos reprimidos em uma época em que não havia possibilidade de discerni-los, muito menos de expressá-los. O crime, é isto que Freud dirá ao longo do texto, ativará a consciência moral, e junto com ela o nosso bastante conhecido sentimento de culpabilidade. A psicanálise funda sua antropologia por meio desse mito de origem, que junta ato criminoso intencionalmente praticado, remorso, consciência e culpa, podendo a ordem dos dois últimos fatores estar invertida. Cabe acrescentar ao rol de termos a gama sentimental que acompanha o reconhecimento do ato: uma ambivalência para sempre insolúvel, pois, ao mesmo tempo que não haveria fundação de qualquer coletivo sem o crime inicial, ele sempre será acompanhado do sentimento de carinho e amor que a vítima inicial inspira após a sua execução. À ambivalência ainda retornaremos.

A culpa que funda o homem enquanto ser social será sempre de natureza moral: ela advém de um ato intencional. As idéias a respeito da culpa trágica, recolhidas de diferentes helenistas, tratavam de um período de formação da subjetividade ocidental, descrito por Freud como a etapa do pensamento animista. Nada a objetar se nos mantivermos nessa abstração generalizadora. A culpa trágica, a princípio contagiosa, figuraria como fruto de um pensamento mágico, que foi sendo reprimido e acabou restrito às práticas religiosas. É exatamente este o percurso freudiano. Aliás, <u>Totem e Tabu</u> é uma tentativa de, respondendo a Jung, entender também o caminho que percorreu o que nos habituamos a ver como o universo religioso e seu espaço social. E a elaboração freudiana é fortemente marcada por uma tradição que não é a grega, e sim judaico-cristã.

Como ficaria a questão, a meu ver importante, que estabelece diferenças entre uma culpa moral e outra que não o seria?

Justamente a culpa de Édipo, aquela que supostamente funda o homem psicanalítico, o nosso SUJEITO, sujeitado que está a essa estratificação, não se inicia na intenção. A estranheza dessa proposição aponta para umas tantas outras: o que o faz cometer tudo aquilo que cometeu? Haja coincidências, explicáveis em boa parte pelas necessidades estéticas. Apenas que o estético aqui funciona, dá seu recado, e nos deixa de cabeça quente: de onde provém essa inevitabilidade que a teoria da tragédia chama de encontro com o destino (moira)? Por que ela propõe uma culpa que tem a grande característica de simplesmente não poder ser negada? Paga-se e muito para saldá-la e o resultado sempre beira o êxito duvidoso ou o fracasso declarado. O que não se pode estabelecer, a partir da conceituação da estética trágica, é a intenção. Podemos até discutir a variação em graus dessa consciência ignorante: ela não é a mesma para Édipo e para Orestes ou para Ájax. O difícil seria dar o passo de atribuí-la a um ato cujas conseqüências resvalam para o universo da moral. Seria atribuir ao grego da época arcaica uma interioridade que ele não pode sustentar. Muitas culpas abertamente assumidas situam-se na intersecção de dois mundos, um que já se vai e outro que mal acaba de emergir, propondo que algumas ações deixaram de ser lícitas para se inscrever em um código que as torna ilícitas, perante o novo regime que vigora na cidade. A este último motivo, o herói ainda pode pretextar ignorância.

Que culpa moral teria Édipo, o último a saber? Aliás, ele sabe porque sua desmesura é aquela de querer saber mais do que é permitido (suportável?) a um humano saber. O pressuposto trágico do encontro entre o herói e sua culpa precisa do ato desmedido para concretizar-se. Em Antígona, a questão transforma-se, se pensarmos no papel que desempenha o desejo. A heroína sabe o que faz, mas responde, segundo Lacan[104], a uma posição de desejo em estado puro. Não há pensamento social que resista às suas determinações. Será que o embate com o Estado, personificado em Creonte, este sim um personagem que facilmente poderíamos chamar de moralista, explica tudo?

De onde vem esse assédio do que depois conhecemos como o inevitável, o acontecido? Essa pergunta irrespondível, afinal ela é apenas historiável, descritível, encaminha argumentos que não podem terminar jamais, inconclusos por definição. Buscar-lhes as causas ajuda-nos a amparar em nós o que permanece inquietante, mas é falacioso pretender aportar em terra firme.

Caberia, então, essa distinção, que resguarda o sentimento de culpa trágico de uma conotação moral? Será que essa distinção nos seria útil? Sim, pois suas tonalidades comporiam parte de uma história escrita em estilo psicanalítico: tudo aquilo que nela aconteceu pode ser reativado porque, de alguma maneira, permanece em nosso in-

---

104. Lacan, J. O Seminário – Livro 7. A ética da psicanálise. Trad. Antônio Quinet. Rio: Zahar, 1988, p. 295 e ss.

consciente. Assim, a culpa trágica, amoral, poderia responder a certas fenomenalidades sintomáticas.

É certo que adoecemos muito conformemente às imposições morais que estruturam nosso Supereu. A variação desses interditos segundo as épocas transforma a aparência das psicopatologias. Então, como falar daquilo que combina a repressão com o que exibimos de constitucional? O universo de regras culturais é apenas uma parte (nada desprezível) da questão, e da resposta. Aliás é nessa chave de oscilações que Freud funda sua teoria da cultura, acompanhada de perto pela ilustração feita com a figura do sofrimento neurótico.

O caminho freudiano e o campo da tragédia parecem afastar-se nessa bifurcação que define a causa da culpa, mas estabelecem entre si notáveis semelhanças de elaboração. A culpa trágica não prevê um motivo moral e sua inserção na hipótese freudiana – de que tudo aquilo que começa no totem, passa pelo animismo, pelo mágico, pelos tabus, desembocando na religião para daí atingir a ciência, padece do mesmo pano de fundo – seria reinterpretá-la à luz dessa teoria que, ao se fazer, pensa essa interpretação para dar andamento aos seus desenvolvimentos. Como escreve Mezan: "(...) a excursão de Freud pela etnologia não pode ser dissociada de sua finalidade essencial, de natureza propriamente psicanalítica".[105]

E ainda: "(...) uma vez morto, o pai passa a gozar de um poder muito maior do que aquele de que se vira investido em vida. O mito associa a esse processo, pelo qual o pai morto passa a ser o fundamento do vínculo social, uma mutação na estrutura psíquica dos membros da horda, isto é, o advento da estrutura edipiana e do sentimento inconsciente de culpabilidade; nisto se afasta do plano etnológico para retornar à seara da psicanálise."[106]

A semelhança a que fizemos alusão está no fato de que ambas as elaborações, certamente distintas, se preocupam com essa situação titubeante do pai, ou de seu papel social. O sentimento de culpabilidade tinge-se das mesmas cores, embora pareça exibir diferentes motivos: um, mais científico e talvez, por isso mesmo, com ares de verdade mais autorizada (necessária para a época de sua formulação), outro, mais ambíguo e efêmero na sua formação (também de acordo com uma eficácia planejada para seu tempo). Em todo caso, a idéia

---
105. Mezan. Freud, pensador da cultura. São Paulo: Brasiliense/CNPq, 1985, p. 319.
106. Idem, p. 349.

freudiana da "mediação necessária do ausente como condição de possibilidade do vínculo social"[107] lembra amplamente a história do espetáculo trágico: em uma de suas formas originais, o coro, ainda não "secundado" por protagonistas, girava cantando em torno da *thumelê*, pedra/altar no centro da *orchestra*, "onde se realizava originalmente o sacrifício do bode"[108], presença representada do ausente Dioniso. Celebrava-se uma ausência e, dessa maneira, a elaboração estética iniciou seu percurso rumo aos altos rendimentos culturais que conhecemos.

No final de Totem e Tabu, Freud, sem nenhuma cerimônia, submete a culpa especificamente trágica ao seu sistema. Para ele, "Na história da arte grega achamos uma situação que apresenta singulares analogias, a par de profundas diferenças, com a cena da comida totêmica descrita por Robertson Smith. Refiro-me à situação que nos mostra a tragédia grega em sua forma primitiva. Um certo número de pessoas reunidas sob um nome coletivo e identicamente vestidas – o coro – rodeia o ator que encarna a figura do herói, primitivamente o único personagem da tragédia, e se mostra dependente de suas palavras e de seus atos. Mais tarde se agregou a este um segundo ator, e logo um terceiro, destinados a servir de comparsas ao herói ou a representar partes distintas de sua personalidade. Mas o caráter do herói e sua posição com respeito ao coro permaneceram inalterados. O herói da tragédia devia sofrer, e tal é ainda hoje em dia o conteúdo principal de uma tragédia. Ele jogou sobre si a chamada *culpa trágica*, cujos fundamentos resultam às vezes dificilmente determináveis, pois *com frequência carece de toda relação com a moral corrente*. Quase sempre consistia em uma rebelião contra a autoridade divina ou humana e o coro acompanhava e assistia ao herói com sua simpatia, tentando contê-lo, adverti-lo e moderá-lo, e se compadecia dele quando, depois de levar a cabo sua audaciosa empresa, encontrava o castigo considerado como merecido.

Mas por que deve sofrer o herói da tragédia, e o que significa a *culpa trágica*? Deve sofrer porque é o pai primitivo, o herói da grande tragédia primeira, que encontra aqui uma reprodução tendenciosa. A culpa trágica é aquela que o herói deve tomar para si para redimir o coro. A ação desenvolvida na cena é uma deformação refinadamente hipócrita da realidade histórica. Nessa remota realidade foram preci-

---

107. Idem, p. 349.
108. Vernant e Naquet. Op. cit., v. 2, p. 23.

samente os membros do coro os que causaram os sofrimentos do herói. Em troca, a tragédia atribui a ele por inteiro a responsabilidade de seus sofrimentos, e o coro simpatiza com ele e se compadece de sua desgraça. O crime a ele imputado, a rebelião contra uma poderosa autoridade, é o mesmo que pesa, em realidade, sobre os membros do coro; isto é, sobre a horda fraterna. Desse modo fica promovido o herói – ainda que contra sua vontade – em redentor do coro."[109]

Ler o texto freudiano é encontrar-se com a paixão que emerge do movimento constituinte da teoria. A tragédia aparece aqui submetida a uma interpretação que, com nossos olhos de hoje, pareceria uma camisa de força. Há de se levar em conta o tamanho da resistência do próprio Freud em outorgar ao pai e ao seu assassinato uma tal potência. Ele, em nota, ainda fala do lugar central incontestável que a "natureza do novo fator" terá de ocupar na formulação de qualquer síntese a respeito da origem do social. Para haver esse reconhecimento, terão de ser vencidas "grandes resistências afetivas"[110]. Negar esse movimento tão bem descrito pela psicanálise seria de uma ingenuidade indesculpável, já que estamos falando de culpa. Aceitar essa interpretação também.

Submeter a questão trágica do lugar do pai inteiramente à asserção freudiana seria aceitar o conteúdo moral como cimento civilizatório único. Seria misturar mais que discriminar sentimentos que correspondem a etapas distintas da história do psiquismo humano. Se podemos aceitar duas hipóteses freudianas – a da repetição da história filogenética na ontogênese de cada um de nós[111] e a permanência no inconsciente de conteúdos recalcados – por que não aproveitar da riqueza que a diferenciação das culpas pode gerar[112]? É certamente empobrecedor não poder contar com a possibilidade dessa outra culpa, amoral, para escutar nossos pacientes atrapalhados pelo seus sintomas. Claro, o mal-estar cultural e suas disposições repressivas estão aí para forjar um Supereu, instância movida a moral, instância moral. Mas será que isto dá conta de toda a complexidade

---

109. Freud, S. Totem Y Tabu. Obras Completas. V. 2, p. 1.847. Grifos meus.
110. Idem, p. 1.848.
111. Mezan (1985) escreve que o mito "científico" freudiano possui, como qualquer asserção a respeito da origem uma "inverificabilidade total (...). Mas, no plano individual, ele contém em resumo as vicissitudes de cada história singular, e é por essa razão que a psicanálise não o pode dispensar". Op. cit., p. 353.
112. Dodds escreve que "a transferência da noção de pureza da esfera mágica para a moral foi similarmente um desenvolvimento tardio (...)". Op. cit., p. 46.

sintomática? Um conflito, por assim dizer, entre o desejo e os ditames civilizatórios?

A tragédia afirma a responsabilização do sujeito após o ato criminoso. Édipo é responsável, mas até a vergonha que diz sentir, que lhe tornará insuportável olhar-se sendo olhado por alguém, só se moraliza alguns séculos depois da estréia do texto teatral.

Que culpa moral carrega alguém a quem a roda da fortuna fez preterido(a) em uma história de amor? Enlouquecer é moral? Como age uma criança em sua perversa polimorfia? Seriam brechas na moral, falhas de um Supereu ainda insuficientemente formado, como dizemos, ou tratar-se-ia de outras formas de existir, à parte desse universo tão único e onipresente? Não seriam frutos de um outro tempo psíquico, que também pré-existiu filogeneticamente? Freud escreve, em <u>Análise terminável e interminável,</u> sobre a permanência de resíduos de outras épocas tanto libidinais (ontogenéticas) como da história da humanidade (filogenéticas) em nossa constituição atual[113]. Mais importante que isto: esses tempos contribuiriam significativamente para a irrupção e manutenção do sintoma, levando-nos de fato a aventar a possibilidade de uma fonte irreconhecível para nós, se nos mantivermos estritamente colados no nosso mito de origem?

"Contrariamente à epopéia e à poesia lírica, onde jamais o homem é apresentado enquanto agente, a tragédia situa, logo de início, o indivíduo na encruzilhada da ação, em face de a uma decisão que o engaja por completo; mas essa inelutável escolha opera-se num mundo de forças obscuras e ambíguas, num mundo dividido onde 'uma justiça luta contra outra justiça', um deus contra um deus, onde o direito nunca está fixo, mas desloca-se no decorrer mesmo da ação, 'vira' e transforma-se em seu contrário. O homem acredita optar pelo bem; prende-se a ele com toda sua alma; e é o mal que ele escolheu, revelando-se, pela polução da falta cometida, um criminoso."[114]

A tragédia levaria à suposição de uma ignorância até o seu rendimento máximo. Pretextá-la não livra ninguém da responsabilidade pelo ato. E é dessa maneira, exacerbando a injustiça de tudo que se move no mundo, que ela consegue seu efeito catártico, próximo de um resultado político/terapêutico. Note-se a ênfase com que a opção ingênua pelo bem tem de ser apaixonada, envolvendo "toda sua alma", elevando-a a uma altura divina, sem o que o patamar para

---

113. Freud, S. Análise terminável e interminável. <u>Obras completas</u>. Madri, V. 3, p. 3.348.
114. Vernant e Naquet. Op. cit., v. 1, p. 67.

a queda do herói não constituiria o abismo suficiente para comover a audiência.

A hipótese de Freud contempla ainda a proibição do fratricídio, após o assassinato do pai. Ela encaminhar-se-á até o mandamento bíblico do "Não matarás". A tradição aqui é outra. Mas, como vimos, este é um dos crimes que mais prendem a atenção das Erínias, divindades do sangue derramado em família. Os mitos de origem – a psicanálise e a tragédia constróem dois deles – precisam imperiosamente legislar a mesma questão. Freud cria um contrato estabelecido com o pai, o totemismo. "É a presença/ausência desse parceiro que funda a igualdade entre os irmãos; e esta não consiste na decisão de alienar sua liberdade, mas na responsabilidade comum pelo crime cometido. O crime é assim o inaugural, e o contrato derivado, sendo suscitado pelo sentimento de culpabilidade e pela necessidade de impedir a reiteração do crime. (...) O crime não *corresponde* aos desejos edipianos; mas estes são *estruturados por ele*. Matar o pai e dormir com a mãe são tendências que existem no inconsciente sob a forma da repressão, e esta, praticamente, é instituída a partir do crime, e não o inverso. A originalidade da tese freudiana consiste em associar a emergência do complexo de Édipo e o surgimento da sociedade civilizada por meio do *mesmo ato*."[115]

O que fazer para incluir, nessa ampla hipótese evolucionista, a diferença que estamos marcando? Teríamos a ganhar mantendo válidas, tal como no inconsciente, duas asserções (a da existência de uma culpa moral e de outra culpa amoral) que não se superpõem em absoluto? Elas até se encontram na formulação da fase animista, mas se distanciam quando não se pode pensar a culpa fora de sua conotação moral, próxima ou longínqua.

"Por muito tempo pensei assim, e ainda me acontece crer nisso; mas, por mais operatório que possa parecer tal modelo, para mim ele, doravante, se afigura insuficiente. Insuficiente porque puramente funcional e porque é preciso desconfiar das explicações sem resto."[116]

Até a transformação do mito de Édipo em narrativa elementar para a formalização do complexo nuclear das neuroses já foi objeto

---

115. Mezan. Op. cit., pp. 347 e 348.

116. Loraux. Op. cit., p. 29. Grifos meus. Esta frase lapidar, citada aqui em um contexto radicalmente diferente daquele para o qual foi escrita, e que tratava da explicação política para a purgação do cidadão operada no espetáculo trágico, deveria estar fixada em bronze nas portas centrais de nossas universidades e instituições de formação psicanalítica, entre outros lugares de transmissão do conhecimento.

de questionamento.[117] Levaria um século de psicanálise até que pudéssemos ler nas páginas de sua literatura recente a interrogação: "Então, talvez, não se trate, absolutamente, da problemática do Pai, ainda que odiado, destituído, e, sim, do aspecto "não-pai" do homem. Do pai representando o pulsional não-domesticado – não-familiar. *Unheimliches Unbehagen*. De fato, como falar do homem sem acossá-lo ao lugar sempre simbólico do Pai, ou o que vem a ser o mesmo, do Filho? Será que não passa disso?"[118]

Em todo caso mais uma semelhança notável com o universo da tragédia remete-nos à construção deste mito por Freud. Ela diz respeito ao sentimento ambivalente que advém aos filhos logo após o assassinato do pai. As correntes ternas e carinhosas soterradas por uma longa tirania emergem, o remorso aparece, mistura-se com o ódio inolvidável, motor do ato. Pronto, o caldo está entornado para todo o sempre, conforme a hipótese teórica da culpa moral que é transmitida filogeneticamente. Cabe apenas um reparo: "Freud não fala jamais de emoção; seu ponto de apoio é a ambivalência inconsciente, que não tem rigorosamente nada a ver com a psicologia superficial das 'emoções'".[119]

É por meio da ambiguidade do discurso, do entrelaçamento polissêmico dos seus termos, já o dissemos, que a tragédia constrói o solo vacilante sobre o qual anda o seu herói. Ao compor assim a possibilidade de andamento da peripécia, ela prepara o desfecho de acordo com aquilo que propõe como elementar do humano: sua carga de irresoluções diante da sua condição civilizada e mortal.

Examinaremos de perto essa questão com o texto de Édipo-Rei.

5. Édipo e a questão da linguagem.

Parece desnecessário, mais uma vez, falar desse texto teatral ou de sua história mítica que tantas vezes, em diferentes campos do saber, não cansam de ser abordados. A psicanálise, porém, na maioria das vezes refere-se a ele tendo em vista o conteúdo grave dos crimes do rei Édipo, assassinar o próprio pai e cometer o incesto com a

---
117. Cf. Vernant e Naquet. Op. cit., v.1. Édipo sem complexo. P. 63 e ss.
118. Zygouris, R. Ah! As belas lições!. Trad. Caterina Koltai. São Paulo: Escuta, 1995, p. 69.
119. Mezan (1985). Op. cit., p. 347.

mãe. Este último seria o desejo inconsciente inicial que detonaria o que conceitualmente conhecemos como complexo de Édipo e complexo de castração, mais exatamente temor à castração, metaforizado geologicamente na figura da rocha: a rocha da castração. Essa imagem vem a Freud para falar de uma intransponibilidade. Ela demarca dois mundos: a linha que os divide estabelece o limite, a ser em parte transgredido em análise, daquilo que é o recalcado. A rocha, no entanto, testemunha a presença de algo inamovível; é com esse peso que ela se apresenta e é dessa maneira que consegue dar notícia da gravidade de sua existência. A mera concepção do psiquismo tendo como porta de entrada para sua maior área uma rocha é, a meu ver, expressão de um sentimento trágico, já que delimita lugares em que toda forma sofrerá uma mudança por vezes radical para transpor qualquer desses limites. Essa idéia sugere que muitas coisas terão de ser de um determinado jeito, pois o fato de uma tal geografia nunca pode deixar de ser levado em conta. Ela se impõe da mesma maneira que o reino dos deuses faz contraponto ao dos homens no universo da tragédia grega. Evidentemente eles não são coincidentes, mas exercem, por assim dizer, uma função semelhante, demarcatória. O temor que ambos inspiram brota dessa zona de trevas que é sua componente imaginária, de onde podemos esperar a emergência de qualquer coisa, especialmente daquelas que mais nos afastam do convívio social.

Talvez vivamos muito mais solitariamente a condição de seres mortais depois da morte dos deuses, com a crescente laicização do mundo. Uma experiência de solidão ainda pior que aquela do herói trágico. Ele tinha contra o que se opor; tinha até uma medida que servia de padrão para seus atos. Sem a medida, aparentemente nos tornamos mais dramáticos, mais esperançosos de encontrar soluções. Poderia ser, tão-somente, que negamos o trágico, dado o grau superlativo e insuportável que ele atingiu.

Há outras facetas a comentar desse drama magistral, que tem uma história milenar de admiração e eficácia. Ele, de fato, parece um manancial para que muitas épocas reflitam sobre a questão política que envolve tabus fundamentais para qualquer organização social. Como já tivemos ocasião de mencionar, há um tratamento trágico dado à saga de Édipo. É uma de suas versões. Ressaltaremos aqui o jogo da língua, o uso polissêmico das palavras que constitui um dos pilares para que a experiência do espetáculo se configure como trágica. A arquitetura da peça projeta, para o psicanalista, um desenho interessantíssimo de como um movimento intencional se inverte, de que maneira alguém que acredita estar na busca do objeto que responde a uma indagação grave, encontra, de modo nada familiar, mas no seio da família, a resposta mais inusitada, a mais e a menos desejante que gostaria de obter.

O que de início parece-nos importante salientar é que a tessitura de todo texto trágico é constituída de palavras com duplo sentido, não apenas aqueles que se apresentam de maneira quase espontânea, à moda do chiste. Por vezes, o mesmo termo, literalmente, muda sua significação a partir da perspectiva daquele que o profere.

"Assim, para Antígona, *nómos* designa o contrário daquilo que Creonte, nas circunstâncias em que está colocado, chama também *nómos*. Para a jovem a palavra significa: regra religiosa; para Creonte: decreto promulgado pelo chefe de Estado. E, de fato, o campo semântico de *nómos* é bastante extenso para cobrir, entre outros, um e outro sentido."[120] Os mesmos autores ainda apontam a reversão de sentido de *nómos* ao final do texto de Antígona. Creonte "inquieto com as ameaças de Tirésias (...) jura respeitar a partir de então 'os *nómoi* estabelecidos'". Enquanto na primeira parte da peça ele emprega o termo como sinônimo de "decreto público proclamado pelo chefe da cidade", ao final, na hora da reviravolta trágica abatê-lo com a morte do filho, "a palavra reencontrou na boca de Creonte o sentido que lhe dava Antígona no princípio: lei religiosa, ritual funerário".[121] Apenas para lembrar, a disputa que envolvia os dois protagonistas girava em torno da proibição de realizar um ritual funerário para Polinices, estabelecida por Creonte e à qual se opõe Antígona, irmã do morto.

O termo passa a ter um uso ambíguo, expressando a tensão entre dois valores inconciliáveis, que remetem diretamente à oposição família/Estado, homem/ser mortal/cidadão. "Cada herói, fechado no universo que lhe é próprio, dá à palavra um sentido e um só. A essa unilateralidade choca-se violentamente uma outra unilateralidade. A ironia trágica poderá consistir em mostrar como, no decorrer da ação, o herói se encontra literalmente 'pego na palavra', uma palavra que se volta contra ele, trazendo-lhe a amarga experiência do sentido que ele se obstinava em não reconhecer."[122]

---

120. Vernant e Naquet. Op. cit., v. 1, pp. 83 e 84.
121. Idem, p. 103.
122. Idem, p. 84.

A palavra é veículo de uma amarga experiência. Ou pelo menos de uma experiência que não se pretendia experienciar, uma vez que tentamos falar clara e diretamente. É claro, a linguagem ideal é aquela que consegue expressar um conteúdo unívoco. Mas, da perspectiva trágica, e da época arcaica que é a sua, NUNCA se fala clara e diretamente; há uma certeza de que a linguagem não se expressa de maneira unívoca. É óbvio que a experiência da psicanálise já se debruçou, de maneira soberba aliás, sobre isto. Como dizíamos no começo deste trabalho, a tragédia traça um desenho da instalação do cultural, muito próximo àquele que orienta a psicanálise. E essa instalação não é possível sem pensarmos, agora sim diretamente, no advento da linguagem. A ela são correlatos o tabu do incesto e a lei da exogamia: é preciso nomear o proibido.

Haveria uma ambigüidade relativa ao duplo sentido das palavras e outra, ligada à idéia de uma opacidade da linguagem, de sua não-transparência na comunicação. Se, cotidianamente, essas ambigüidades tendem a passar despercebidas, em algum momento, isto acaba por explodir, a ilusão da univocidade desfaz-se. Isto pode acontecer sob a forma do espetáculo trágico, ou, contemporaneamente, na sessão de análise. "Se a tragédia e o espetáculo trágico operam como introjeção da cena, para que cada espectador reencontre em si a obliqüidade da palavra, a cura psicanalítica é da mesma essência."[123]

Essa percepção aguda da transitoriedade, marcada com todas as letras no discurso, é necessária para que a idéia de mundo veiculada nessas duas produções consiga se manifestar. Não é possível nos aproximarmos delas sem experimentar esse dizer que nos desdiz e diz de nós outra coisa, a todo momento.

"Desde o momento em que *lógos*, a razão, e *díke*, a justiça, deixaram de ser imanentes à natureza e tornaram-se verbais, os enredamentos foram instituídos para todo sempre. O que significa dizer que a linguagem funciona como um instrumento incapaz de conciliar os vários ângulos da vida: ao abarcar um, deixa sempre escapar outro."[124] Alfredo Naffah dirá, ainda, ao comentar as sucessivas transmutações de afeto na obra de Wagner, O Anel dos Nibelungos, que a transmutação para a forma da linguagem, daquilo que supostamente era natureza sem verbo, será a mais trágica delas. É

---

123. Green. Op. cit; pp. 84 e 85.
124. Naffah, A. O sentido das mortes e transmutações n'O Anel dos Nibelungos: as múltiplas máscaras de Wotan. Mimeo, p. 4.

preciso considerar sobretudo sua irreversibilidade, iniciadora que é do patamar próprio do cultural e propulsora de sua dinâmica.

O embate que se passa no palco fica nítido para a assistência, sob um outro aspecto. Não apenas por meio da peripécia, que esta é até simples de ser percebida. "É somente além das personagens, entre o autor e o espectador, que se estabelece um outro diálogo onde a língua recupera sua virtude de comunicação e transparência. Mas o que a mensagem trágica transmite, quando é compreendida, é precisamente que existem, nas falas trocadas entre os homens, zonas de opacidade e de incomunicabilidade. No momento em que o espectador vê na cena os protagonistas aderirem exclusivamente a um sentido e assim, cegos, se perderem ou se dilacerarem mutuamente, ele é levado a compreender que há, na realidade, dois ou mais sentidos possíveis. A mensagem trágica torna-se-lhe inteligível na medida em que, arrancado de suas incertezas e de suas limitações antigas, percebe a ambigüidade das palavras, dos valores, da condição humana. Reconhecendo o universo como conflituoso, abrindo-se a uma visão problemática do mundo, ele se faz, através do espetáculo, consciência trágica."[125]

A adesão exclusiva a um sentido poderia ser a tradução de uma formação sintomática que, em seu grau máximo, forma um delírio sistemático de sentido único. A polissemia, mais desconfortável e inquietante, já que está sempre a nos dar trabalho, soa mais verdadeira e muito mais apta a permitir o convívio coletivo, revestido de conflitos. Essa idéia é correlata ao advento da *pólis* democrática: os conflitos na democracia nunca se erradicam; têm de ser eternamente administrados, uma vez que são os motores da vida em sociedade. A vida é conflito. Em todo caso, convém sublinhar esse momento, quando o contato com o polissêmico por meio da ficção abre, na consciência grega, a experiência do trágico; ele é maior que a preocupação cidadã com a diferença de idéias.

"Palavras lidas para substituir ou mesmo reencontrar as palavras ouvidas, aquelas que a representação trágica oferecia à escuta ativa do público ateniense. Palavras de duplo ou múltiplo sentido. (...)

Seria necessário evocar o apego decididamente etimológico dos gregos à sua língua e amor que eles demonstram por suas palavras (que eles chamam de 'nomes'). Conviria lembrar até que ponto, no século V ateniense, as regras da escuta dominam esses discursos

---
125. Vernant e Naquet. Op. cit., v. 1, p. 84.

cívicos que denominamos um pouco impropriamente gêneros literários. Ouso mesmo falar que, no teatro de Atenas, a escuta era, para o público da representação trágica, como que uma leitura muito refinada, à altura da 'profundidade' do texto. Se o espectador antigo, tal como gostaríamos de imaginá-lo depois de ler Jean-Pierre Vernant, tiver sido esse espectador de ouvido apurado para quem a 'linguagem do texto pode ser transparente em todos os níveis, em sua polivalência e em suas ambigüidades', então temos de atribuir a esse ouvinte onipotente uma atenção da qual o mínimo que se pode dizer é que ela quase não tinha flutuações, uma memória por nós totalmente esquecida, e a capacidade espantosa de realizar o longo trabalho sobre o significante durante o curto tempo da representação teatral. Ficção, mas ficção necessária. Podemos então formular a hipótese de que, arrebatado pela profundidade polissêmica do texto, o leitor se empenha na interminável busca das palavras em eco."[126]

O teatro inicia um verdadeiro processo associativo que, sabemos, tem a capacidade de operar transformações quase somente por seu movimento próprio. Em Édipo-Rei, de Sófocles, além dos jogos verbais, que se iniciam com o nome do protagonista – aquele que tem os pés inchados, marca da expulsão da casa paterna que data de seu nascimento –, há uma arquitetura dramática especial. Ela une os dois elementos nomeados por Aristóteles, a peripécia e o reconhecimento, como sendo, junto com a catástrofe, aqueles que compõem uma ação complexa. No desenrolar da peripécia edipiana dá-se o reconhecimento surpreendente de sua verdadeira identidade. Escreve Aristóteles: "O reconhecimento, como o nome mesmo o indica, é a inversão que faz passar da ignorância ao conhecimento, revelando aliança ou hostilidade entre aqueles designados para a felicidade ou infelicidade. O mais belo reconhecimento é aquele que se faz acompanhar de uma peripécia, como, por exemplo, aquele do *Édipo*".[127]

A peripécia, no texto trágico, revira a ação em seu contrário. Além disto, "(...) um tal conjunto – reconhecimento mais peripécia – comportará piedade ou terror".[128] Édipo-Rei, a par de seus conteú-

---

126. Loraux, N. Maneiras trágicas de matar uma mulher. Trad. Mário da Gama Kury. Rio: Zahar, 1988, pp. 8 e 9.
127. Aristóteles. Op. cit., XI, 52 a 30. Os tradutores usam para peripécia a expressão *coup de théâtre*. Optei por manter a palavra peripécia, que revela, segundo múltiplas traduções, o sentido preciso que Aristóteles usa para tratar do desenvolvimento da trama teatral.
128. Idem, XI, 52 a 36.

dos tão universalmente difundidos, fala de um reconhecimento que se dá no processo mesmo de reviramento da cena: ao buscar o assassino de Laio, Édipo encontra-se "conduzindo o jogo do princípio ao fim, é ele que do começo ao fim foi joguete".[129]

A tragédia está inteiramente construída sobre o solo vacilante do ambíguo. Ele prepara, como se fosse uma armadilha, o terreno propício para a queda do herói. De fato, é curioso, a tragédia entende esse encontro com a própria identidade como queda. É uma asserção fortíssima, pois essa identidade nasce de uma alteridade insuspeitável que é tão nossa, ou até mais, que a nossa identidade consciente. A tragédia de Sófocles cava fundo a demonstração disto. Édipo não tem problemas de caráter: é um rei que, embora se mova tiranicamente, caminha em linha reta para resolver aquilo que interessa ao Estado; ele tem sim graves problemas com o ser que ele é. Fadado ao oráculo terrível, cuja marca ele porta antes mesmo de nascer, seus problemas se cernem à sua origem. Contra tudo o que ele conquistou em vida, ele é vítima da própria origem. Há aqui uma redução do ser à filiação, reconhecimento dos mais dolorosos que é feito em cena. Ele não pode escapar desse pertencimento, e pertencer ao clã dos Labdácidas significa demais para que qualquer outra qualidade não se apague sem deixar traço. Sabemos pelo seu nome e pelo seu caminhar que ele porta marcas evidentes de um nascimento pouquíssimo afortunado. Não aparece à toa, como já frisamos, o desejo de autoctonia. Apenas convém lembrar que o reconhecimento de uma descendência, dessa forma tão avassaladora, contra o qual se esvaem as forças que poderiam em parte enfrentá-lo, é característico do gênero trágico. E a psicanálise parece tributária de uma tal concepção: não que nossa origem seja tudo, mas ela é ponto nodal para qualquer reconhecimento um pouco mais consistente de nossa vida psíquica. A partir de uma circunscrição desse originário, o novo pode advir sem resvalar para a repetição que obedece a um automatismo imperceptível. O texto trágico pinta essas cores fortes para que tenhamos a dimensão daquilo que estamos a lidar. Ao esclarecer em demasia esses assuntos ele não economiza dor e nos propõe o marco inicial como ponto lógico necessário de qualquer caminho. Como a nos dizer que as irresoluções das coisas referem-se às nossas mais empedernidas dúvidas, aquelas que Freud situou no começo da manifestação da ambivalência.

---

129. Vernant e Naquet. Op. cit., v. 1, p. 85.

Para Édipo, "penetrar seu próprio mistério (...) é reconhecer, no estrangeiro que reina em Tebas, a criança do país outrora rejeitada".[130] Voltar a esse início permite que a cidade se livre da peste, e que ele descubra aquilo que, formulado por um conviva em meio a um banquete em Corinto, não cessou mais de importuná-lo: quem sou eu? Filho de quem? Qual a minha origem? Psicanaliticamente perguntaríamos: qual afeto guiou minha concepção? Fui ou não desejado? "Tragédia e psicanálise têm um vínculo interno, comunicam-se por dentro, e por essa razão Freud foi buscar numa tragédia o nome e a forma que deu à sua descoberta central. (...) O mito de Édipo, com efeito, presta-se bem a uma figuração aproximativa dos conflitos básicos da psique, dos seus desejos mais profundos, da definição do sujeito por sua relação com os genitores, na medida em que vincula a busca da verdade à pesquisa das origens e incorpora a dimensão do desconhecimento que necessariamente condiciona esta pesquisa e aquela busca."[131]

O jogo do discurso oculta o familiar, cerne do recalcado. "O discurso secreto que se institui sem que o saiba, no seio de seu próprio discurso, Édipo não escuta." A personagem diz aquilo que não compreende e isto se revelará a "verdade autêntica de sua palavras".[132] O longo reconhecimento que a ação encaminha, construído na melhor técnica para gerar dramaticidade, levará a ele mesmo, como o exato oposto daquele que está à frente do governo da cidade. De uma posição comparável à dos deuses, ele desce para uma abaixo de qualquer mortal.

O jogo de inversões discursivas vai-se construindo ao longo do texto. Vernant e Naquet, citando B. Knox, enumeram algumas delas. "Uma primeira reviravolta consiste em utilizar, para caracterizar o estatuto de Édipo, um vocabulário cujos valores se invertem sistematicamente, *passando do ativo ao passivo*. Édipo é apresentado como um caçador que rastreia, persegue, desentoca a fera que erra na montanha, que correndo foge precipitadamente, isolando-se dos homens. Mas, nessa caçada, o caçador se torna finalmente a caça: caçado pela terrível imprecação de seus pais, Édipo erra e muge como uma fera, antes de furar seus olhos e de fugir para as montanhas selvagens do Citerão."[133]

---

130. Idem, p. 91.
131. Mezan, R. A Vingança da Esfinge, São Paulo: Brasiliense, 1988, pp. 142 e 143.
132. Vernant e Naquet. Op. cit., v. 1, p. 86.
133. Idem, p. 90.

Uma das grandes reviravoltas, estritamente baseada no jogo ambíguo da palavra, está no nome do herói. "Édipo é o homem de pé inchado *(oîdos)*, enfermidade que lembra a criança maldita, rejeitada por seus pais, exposta para morrer na natureza selvagem. Mas Édipo é também o homem que sabe *(oîda)* o enigma do pé, que consegue decifrar sem dificuldade o oráculo da sinistra profetisa, da Esfinge de canto obscuro. (...) O duplo sentido de *Oídipous* encontra-se no interior do próprio nome, na oposição entre as duas primeiras sílabas e a terceira. *Oîda*: eu sei, uma das palavras dominantes na boca de Édipo triunfante, de Édipo tirano. *Poús*: o pé – marca imposta desde o nascimento àquele cujo destino é terminar como começou, um excluído, semelhante a um animal selvagem que seu *pé* faz fugir, que seu *pé* isola dos homens, na esperança vã de escapar dos oráculos, perseguido pela maldição do *pé* terrível por ter transgredido as leis sagradas de *pé* elevado, e incapaz de agora em diante tirar o *pé* dos males em que se precipitou, elevando-se ao alto do poder. Toda a tragédia de Édipo está, portanto, como que contida no jogo ao qual o enigma de seu nome se presta."[134]

Queria marcar a única referência a esse jogo infernal do discurso que não encontrei mencionada nos diferentes autores consultados para este trabalho, mas que está evidentemente grafada na versão brasileira de que me utilizo. Ela fez duplo sentido em português e carrega uma dose considerável de crueldade/amargura diante as tramas do destino! Quando Édipo, já cego, chama pelas filhas que serão doravante seus olhos, ele diz:

> "*Sejas feliz por as deixares vir, Creonte!*
> *Protejam-te os augustos deuses mais que a mim!*
> *Minhas crianças, onde estais? Vinde até mim!*
> *Vinde até minhas mãos... fraternas.*"[135]

Édipo é, de fato, irmão de suas filhas. A resposta ao enigma proposto pela Esfinge continha a referência não apenas ao homem, o ser que caminha sobre quatro, sobre dois e sobre três pés. Ela referia-

---

134. Idem, p. 91.
135. Sófocles. Édipo-Rei. A Trilogia tebana. Trad. Mário da Gama Kury. Rio: Zahar, 1989, v. 1.748 e ss, p. 94.

se a Édipo, o ser que é simultaneamente todos esses seres, pois é irmão das filhas, marido e filho da mesma mulher. Ele, como já se disse um milhão de vezes, confunde a ordem das gerações. O texto trágico é todo ele constituído de modo que a tensão não abandone a cena, nem a audiência, até o fim da representação.

O "eu sei" de Édipo triunfante foi objeto de uma apreciação psicanalítica que tece um pano de fundo diferente para aquilo que sempre se diz da imprudência edipiana em seguir adiante sua investigação. Aliás, diz-se mais: diz-se que esta é sua *hybris* maior, pois quer saber além daquilo que seria lícito a um mortal suportar saber.

Renato Mezan associa os saberes pressupostos nos enigmas enunciados pela Esfinge a um saber feminino, aos quais vêm-se juntar aqueles que Jocasta leva para o túmulo quando se suicida. Édipo move-se, até o desfecho de sua pesquisa, segundo os parâmetros de um saber "científico", que esquadrinha causas, deduz logicamente, mediatiza a produção do conhecimento para que este não contenha erro. E essa forma metodológica penderia para o lado do masculino, associando-se imediatamente à operação da paternidade. "O reino do intelecto e da paternidade vem fundar-se, assim, sobre os escombros de uma imediatez representada pela mãe e pelos sentidos, imediatez solidária de um feitiço e de uma sedução, de uma regressão ao amorfo, que só pode ser evocada com indizível terror."[136] Jocasta queixa-se da insistência de Édipo, e vimos como se alia às forças do *oikos* familiar em contraposição às do Estado; como defende, portanto, esse princípio, associado por Ferenczi ao princípio psicanalítico do prazer, que deixaria as coisas como estão: esses sonhos de dormir com a mãe, afinal, são banais. Mas Édipo, e todos nós, pagamos um preço por esse crime de repressão, sem meias palavras, do feminino. "(...) Preço terrível que se tem de pagar para aceder ao reino do pai e da intelectualidade: preço que consiste no crime inimaginável de matar uma mãe, de silenciar o fundo imemorial da feminilidade figurado pelo canto da Esfinge e pela sedução arrebatadora que exerce sobre o masculino. (...) A esfera da teoria não é asséptica, mas manchada pelo sangue de uma Esfinge conduzida à morte, inapelavelmente, pela luminosidade de Logos."[137]

Outras interpretações fariam par com esta. Alfredo Naffah fala de uma incapacidade para perceber/aceitar a ação do invisível, dos

---
136. Mezan. Op. cit., p. 148.
137. Idem.

fluxos e movimentos das forças que não têm justamente a visibilidade da representação para serem reconhecidas. Sem associar às potências do feminino tal invisibilidade, o excesso de Édipo continua a ser objeto de reparo. Em todo caso, a obra da cultura parece ser mesmo esta: ela se assenta sobre algo que, a princípio, não pode discernir muito bem. Trata-se de um esmagamento, ou de repressão no jargão psicanalítico. A vitória de um elemento acaba por constituir um outro, recalcado, que é contrário àquele que tem a visibilidade e parece mover o saber. Porém, os movimentos instauram dinâmicas que desenterram o que pode ter sido considerado perdido. E este acaba por desterrar o que foi construído sobre seus escombros. Édipo foi precocemente expulso do torrão natal, do infantil, do que é materno (que pode receber o paradoxal adjetivo de pátrio). Este mesmo infantil desterra o que lhe sucede, um adulto que está estruturado sobre pés de barro. Como todos nós, aliás!

Um sem-número de coisas ainda podem ser escritas a respeito da peça de Sófocles. Porém, não é propósito, nem seria sensato, ser exaustivo no tratamento de temas cuja fonte tem essa capacidade de sugestão. Afinal, "os significados descobertos no texto, ou melhor, através do texto, surgirão de recortes específicos, cuja determinação obedece tanto à subjetividade de quem lê quanto ao movimento do próprio texto, posto que uma interpretação só pode ser avaliada, em psicanálise, pelo contexto em que surge e pelos efeitos que desencadeia".[138]

Em todo caso, gostaríamos de enfatizar esse conjunto arquitetural/discursivo que entretece a trajetória trágica. No movimento do conhecimento realiza-se um reconhecimento, dos piores, porém o único a tratar a situação de calamidade que é o contexto do texto. E esse tecer por meio das ambigüidades do discurso cria, na sua trama, os sinais para o reconhecimento que é o objetivo de toda a empreitada. Há uma lógica que opera a inversão no contrário. O movimento mesmo da inversão, feito por meio do falar ambíguo, é o meio e o resultado desse esquema lógico. Estamos ou não próximos do coração da psicanálise?

A tragédia, em uma semelhança espantosa com esse ofício, mantém a irresolução, não de si, enquanto obra de arte, mas da maneira como define o homem. Este, para ela, não é especificamente nada.

---

138. Idem, p. 141.

"Por meio desse esquema lógico da inversão, correspondente ao modo de pensar ambíguo próprio da tragédia, um ensinamento de um tipo particular é proposto aos espectadores: o homem não é um ser que se possa descrever ou definir, é um problema, um enigma cujos duplos sentidos jamais se chegam a decifrar."[139]

Estamos próximos do que poderia ser entendido como a essência do trágico, esse sentimento que vem à luz a partir da tragédia ática. O homem exibe como sua grandeza maior a interrogação em torno daquilo que ele é; a ambigüidade de suas ações e de sua forma maior de comunicação propõe esse jogo eterno que aponta a sua existência como enigma sem adjetivos.

Ainda caberia uma aproximação entre tragédia e psicanálise da pena do próprio Freud, que desconhece, por ter morrido em 1939, muito do que foi aqui exposto. Citada por Conrad Stein, diz o seguinte: "A ação da peça (Édipo-Rei) não consiste em nada mais que em um desvelamento habilmente diferido e que se amplia passo a passo – comparável ao trabalho de uma psicanálise – no termo do qual aparecerá que Édipo é ele mesmo, não somente o assassino de Laio, mas ainda o filho da vítima e de Jocasta".[140] É uma passagem da Interpretação dos sonhos. Talvez possamos ver nela a percepção aguda de uma semelhança estrutural: a arquitetura que se constrói com o adiamento da resolução, bastante eficaz para provocar o efeito do terror e da piedade, vai estabelecendo os espaços de uma construção que acaba com a última palavra. Tal como em uma análise! Depois desta, a história é outra, tem de ser outra.

"Édipo, o 'tirano', isto é, o rei por acaso, é no início da peça venerado quase como um deus pelo povo de Tebas reunido, jovens e velhos confundidos, na presença de um altar que podemos crer era-lhe consagrado. É no momento em que se descobre cidadão e até rei legítimo de Tebas que ele é expulso da cidade. Todos os atos realizados por acaso doravante terão um sentido, e esse sentido o cega."[141] A cegueira de Édipo tem a ver com um saber que se deu de maneira excessiva. Mais que ser a aceitação do saber invisível, tal como postula Naffah, a cegueira fala da impossibilidade de sustentar o olhar

---

139. Vernant e Naquet. Op. cit; v. 1, pp. 88 e 89.

140. Stein, C. Oedipe Roi selon Freud. In Delcourt, M. Oedipe ou la légende du conquérant. Paris: Les Belles Lettres, 1981, 2 edição, p. IX-X.

141. Vernant e Naquet. Op. cit., v. 2, p. 174.

de alguém em sua direção, esmagado que está pela vergonha; Édipo passa a peregrinar agüentando o fardo que é sua história de vida. É desse modo que passa a viver em regime de verdade, segundo o ensinamento trágico.

Édipo-Rei é uma tragédia, em meio a tantas outras. Freud apropria-se tanto de seu conteúdo explícito como, nesse comentário da ação diferida, de sua especificidade enquanto tessitura teatral. A idéia analítica da resignificação, ou significação retroativa, parece pertencer integralmente ao universo da tragédia. É difícil dizer se ele poderia tecer considerações dessa envergadura a partir de outros textos trágicos. A psicanálise depois dele fez isso, mas chegou a outros momentos interpretativos e a lugares epistemológicos diferentes (sendo bastante aristotélica nesse sentido). Édipo ainda mantém um lugar central. A concepção freudiana a respeito do Édipo pode funcionar como interpretante dessa lenda que também foi reinterpretada na Grécia clássica. E ela encaminha-nos para uma analogia que consideraríamos esteticamente desagradável, mas que conota uma concepção psicanalítica do homem de alta tragicidade.

6. Ser psíquico, ser coxo.

Uma deformação acompanha as três gerações que compõem o clã dos Labdácidas: Lábdaco é coxo, tem uma perna mais curta que a outra; Laio pratica uma sexualidade dissimétrica (leva Crisipo, filho de Pélops, seu anfitrião, ao suicídio, por assédio sexual. É Pélops quem amaldiçoa a descendência de Laio); Édipo tem os pés inchados. Segundo Lévi-Strauss, citado por Vernant e Naquet, "(...) o coxear, quando um homem não anda ereto, a gagueira quando um homem, coxeando da língua e não do pé, arrasta o passo de seu discurso e não projeta diretamente a trama ao ouvinte, o esquecimento, enfim, quando um homem não pode reatar o fio de suas lembranças dentro de si próprio – são marcas convergentes que o mito utiliza, ligadas ao tema da indiscrição e do mal-entendido, para exprimir defeitos, distorções ou bloqueios da comunicação nos diferentes níveis da vida social: comunicação sexual, transmissão da vida (...), comunicação entre gerações sucessivas (os pais transmitindo seus estatutos e funções aos filhos), intercâmbios verbais, comunicação de si consigo (a presença de espírito, a transparência para si próprio contrastando com o esquecimento, a divisão, o desdobramento de si, como em Édipo)".[142]

O coxear fala, portanto, de algo além do defeito na deambulação; fala da impossibilidade da onipotência. Ele é extensivo simbolicamente a outros domínios da vida humana e diz respeito a temas absolutamente capitais: falar, amar, transmissão de conhecimento através das gerações. É sempre impressionante ver como o universo do trágico, referenciado aqui por meio do mito, nunca se ocupa de puerilidades.

O coxear exprime "metaforicamente todas as formas de conduta que pareçam desequilibradas, desviadas (...)".[143] Ele é expressão de um caráter equívoco, de uma ambivalência. O coxear pode ter, no mito, também um aspecto positivo. O andar claudicante, que não se dá em linha reta, mas por meio de um ziguezague, deixa um rasto sinuoso. Esses seres, como andam em círculos, girando sobre si mesmos, confundem o que está à frente e o que está atrás, e escapam dessa maneira às limitações que um andar reto impõe ao homem dito normal.

"O enigma da Esfinge define o homem pelo seu modo de locomoção."[144] E as diferenciações, que estabelece em sua pergunta, falam da sucessão das idades por que passa um homem: infância, idade adulta e velhice. Édipo confunde também essa ordem, é coxo quanto à ordem das gerações e, dessa maneira, a pergunta o encontra como resposta: que homem é <u>ao mesmo tempo</u>, etc.? Ele é, desse ponto de vista, um monstro inominável, em que o coxear reencontra um sentido que lhe é bastante conhecido. Seus dois filhos, Etéocles e Polinices, matando um ao outro, fazem a saga reencontrar seu ponto original, começo de tudo. Andou-se e completou-se o círculo mais uma vez.

As questões que o mito do coxo permite colocar são todas gravíssimas. "Como a permanência de uma ordem pode-se manter em criaturas submetidas, em cada idade da vida, a uma mudança completa de seu estatuto? Como os títulos e as funções de rei, de pai, de marido, de ancestral, de filho podem permanecer intactos, imutáveis, enquanto são outras pessoas que sucessivamente os assumem, e a mesma pessoa deve ser, também, filho, pai, esposo, avô, jovem príncipe, velho rei, alternadamente?"[145]

---

142. Idem, p. 49.

143. Idem, p. 50.

144. Idem, p. 56.

145. Idem, p. 58. Essas interrogações serão centrais nos capítulos clínicos, nos quais falarei de mudanças identificatórias inexoráveis pelas quais passamos na vida e que a análise tende a favorecer.

A passagem do tempo provoca distúrbio. Ela gera para o homem, o tempo todo, já que esta é a sua matéria, a necessidade de uma readaptação.

Quantas vezes não ouvimos de nossos pacientes queixas que ecoam ou já ecoaram em nós de um jeito parecido: que pai/mãe/mulher/homem sou eu? Será que, no lugar de pai/mãe, posso sentir ou desejar isto que reconheço como meu desejo? Parecia que ocupava outra posição perante as coisas do mundo e as tarefas da vida. Será que perdi o direito a determinados prazeres? Para onde caminho com tudo isso?

A readaptação infinita é uma necessidade óbvia de qualquer agrupamento social, de qualquer forma de convivência coletiva. E isto resvala em nosso assunto, uma vez que tragédia e psicanálise tematizam, cada uma à sua maneira, essas inserções de cada um na vida social.

Na sua postulação do homem enquanto sujeito psíquico, sujeito dotado de psiquismo, a psicanálise oferece sua versão do coxo. Com o agravante que ela se estende a todos nós, sem exceção. Na versão freudiana do aparelho psíquico, reinterpretada por Lacan como um aparelho de linguagem, a definição de homem ganha um contorno cujos limites ficam colocados em uma espécie de zona sombria, inabarcável por qualquer totalização. Na vertente freudiana que se inicia com o sonho, lemos que muitas coisas permanecem em nosso inconsciente, sob a forma de desejos reprimidos, que gostariam de um dia ser satisfeitos; está escrito também que não aceitamos de bom grado a passagem do tempo com suas conseqüências catastróficas que estão a exigir sempre a mudança de estatuto e função acima citadas. Para efeitos desse campo fundamental da teoria – o inconsciente – não toleramos qualquer recusa, negação, frustração ou postergação daquilo que demandamos agora. Falamos, ao mesmo tempo que somos falados por aquilo que sai de nossa boca em forma de palavras. O homem define-se fundamentalmente como <u>parlêtre</u>. A linguagem, desde antes dos trágicos, mas certamente a partir deles, exige perscrutar suas "zonas de opacidade e incomunicabilidade".

O sujeito freudiano só se estrutura depois de passar pela trama edipiana, a mesma que a peça trágica conta, e que, quando a lembramos, nos referimo especialmente aos crimes do herói. Freud, em uma só penada, estendeu para nós um estatuto do qual abriríamos mão sem pestanejar.

O resultado da soma de todas estas parcelas é que coxeamos. Em cada sessão de análise, coxeamos ao tentar expor uma situação, um sentimento ou qualquer outra coisa que parece nos interessar/incomodar naquele momento. Tropeçamos em nossa própria fala, jamais andamos reto quando tentamos realizar aquilo que parece claro em nosso desejo. Socialmente, dada a preponderância deste inconsciente quase indomável, temos de fazer um esforço que acaba por nos custar o pouco que restaria de uma assim chamada saúde mental, aquela que pode dar notícia de um bem-estar psíquico. E, segundo Freud, essa dinâmica geradora de mal-estar, pressionada pelas pulsões, essa mitologia do *daimon* grego em sua versão psi-século XX, só tende a piorar. Esta é a versão psicanalítica do homem que ele nos lega.

Parece que assumimos abertamente a claudicância ao iniciarmos uma análise. Ser psíquico é ser coxo, é não andar reto, mas girar em círculos que circunscrevem o nosso irrealizado ou o nosso reprimido. Em análise, de uma maneira um pouco menos pessimista, podemos viver o ocaso de um certo tipo de tirano, que também encarna a figura do coxo, quando se trata de pensar e implementar a democracia.

Nunca o tirano inconsciente será completamente exilado, mas aquele que atravessou, ou está em vias de atravessar o Édipo, pode conseguir um maior e melhor convívio com o outro. É quando podemos tropeçar em nós, no nosso jeito, em nossos significantes, e seguir vivendo: eternamente coxos, mas sabendo como é o nosso claudicar fundamental, de uma certa maneira caracterológico.

Não devemos perder, na figura do coxo, a idéia fundamental da ambivalência, que até o claudicar sublinha. Em sentido trágico, o coxo "está além do andar humano, porque, rolando mais veloz e ágil em todas as direções ao mesmo tempo, ele transgride as limitações a que está submetido o andar reto, mas também está aquém do modo normal de locomoção, porque, mutilado, desequilibrado, vacilante, ele só avança claudicante, a seu modo singular, para melhor cair no final".[146]

A invenção psicanalítica, com essas cores, é de fato um terceiro descentramento narcísico que o homem sofreu, depois de Copérnico e Darwin. Falamos descentramento para não chamar de derrota narcísica o reconhecimento disto que nos rege, assim como os deuses regiam os gregos, ou pelo menos estes assim entendiam sua submissão ao destino. Voltamos à situação traduzida de maneira tão pungente

---

146. Idem, p. 72.

em Os Persas, em que a derrota é a grande fonte do saber. É ela que espreitamos na peça, juntamente com os gregos, pois olhá-la acontecer com outros é a única possibilidade de conhecê-la por meio de uma identificação a certa distância. A outra possibilidade sabemos qual é.

A psicanálise também postula a derrota narcísica como grande fonte de conhecimento, liberadora da onipotência tirânica do infantil. A derrota cura, pois desfaz muitos laços "mágicos", frutos de um pensamento que aliena o que é próprio naquilo que a imagem narcísica parece veicular de perfeição e juventude. Aliás, mais que isso, como já dissemos, a psicanálise é, enquanto saber, uma derrota para o humano que se pensa enquanto centro eterno do mundo.

O desenho de Édipo-Rei, que tomba do mais alto posto da tirania conquistada por um feito, para uma condição na qual, por ser nada, ele se torna humano, é especular ao processo de uma análise. Parece que de todas, na medida em que veiculem a ética que norteou a fundação desse saber, que acabou por forjar uma visão do homem descentrado e deformado pela ação de seu inconsciente. O trágico tem esse "que" de coisa invasiva e deformante.[147]

7. A condensação. Unidade de tempo.

Aristóteles escreve em sua Poética que "a tragédia tenta, na medida do possível, conter-se numa só revolução do sol ou afastar-se disso muito pouco; a epopéia não está limitada no tempo".[148] Se observarmos a trilogia tebana, bem como a rápida duração de todas as peças da Oréstia, veremos que cada uma delas se passa em um curto espaço de tempo, que não excede um dia. Não há nelas intervalo para reflexão, entendida aqui como um tempo de parada durante a representação, para que o espectador possa se recompor daquilo que experimenta no espetáculo. Essa chance será dada ao final, depois

---

[147]. No final de *Além do princípio do prazer*, Freud cita o poeta Rückert, para falar do conturbado progresso de uma ciência: "O que não pode ser tomado voando terá de ser tomado coxeando.
....
A Escritura diz: coxear não é pecado."
Obras Completas. Trad. José L. Etcheverry. Buenos Aires: Amorrortu Editores, 1976, v. XVIII, p. 62.
[148]. Aristóteles, Op. cit., v. 49 b 12.

que toda a experiência do sentimento trágico já ocorreu, a purgação do terror e da piedade já plantou suas raízes no coração daquele que assiste à encenação.

Há uma estratégia relativa ao efeito dessa unidade de tempo, que visa, um fim: "A concentração dum destino humano inteiro no breve e impressionante curso dos acontecimentos que no drama se desenrolam ante os olhos e os ouvidos dos espectadores, representa em relação à epopéia, um aumento enorme do efeito instantâneo produzido na experiência vital das pessoas que ouvem".[149]

O homem, na tragédia, é "criatura de um dia", efêmera. O sentimento de efemeridade coloca o espectador diretamente diante de sua condição de *ser mortal*; isto já foi dito, de diferentes maneiras, pela arte que antecede a tragédia, sem a consideração da unidade de tempo. Mas, esta é, segundo Nicole Loraux, uma das dimensões fundamentais do sentimento trágico, que nesse aspecto afasta-se radicalmente da expressão política que um tal acontecimento pode veicular. Sob o signo da condição mortal, finita, as dores são outras: elas tendem mais à ordem dos afetos que à combinação social para uma coabitação. Não que essas coisas se desvinculem na tessitura da tragédia, porém, em determinados momentos, os acentos tônicos recaem sobre estas sílabas quase essenciais.

A tragédia "procura apresentar a sorte do homem nesse mesmo dia em que *tykhé* (acaso) se põe a serviço de um ato a mais – um desses atos que os protagonistas pretendem realizar até o fim, com o risco, para o agente, de ele próprio se encontrar, no desfecho do processo, no papel da vítima –, *tykhé* é aí menos o acaso que atravessa a vida humana do que a coincidência essencial que a estrutura como *drâma*".[150]

Drama tem o sentido de uma ação, mas no caso da tragédia de uma ação agida, aquela que sofremos de forma passiva; o herói, por exemplo, pode movimentar-se relativamente pouco na peripécia, sendo cada vez menos agente e mais objeto de ações que a determinação divina impõe. Isto faria coincidir o resultado dessa ação com aquilo de que se padece, o *páthos,* o afeto embutido nessa experiência. O acaso não é entendido como pura contingência. Ele faz parte da vida humana, na sua condição de mortal, mais dia, menos dia, contamos com ele para o término do que vai com certa plenitude

---
149. Jaeger. Op. cit., p. 274.
150. Loraux. Op. cit., p. 27.

em nossas vidas[151]. A tragédia recusa o "paradoxo da vida feliz" ao recusar colocar o homem entre o domínio pleno de algo/situação e o acaso que destrói o que parecia dominado. Este último não poderia ser contingente: o exemplo ainda é de Édipo, que fica sabendo ambas as coisas no mesmo dia: a morte de Pólibo, pai adotivo, e o assassinato de Laio, pai biológico. Estruturalmente essas coisas se encadeiam.

Em uma aproximação ao que disse Nietzsche sobre a "grande cena retórico-lírica", que veremos em um dos capítulos seguintes, essa autora escreve: "(Na tragédia) esta vida se condensa inteira em um único de seus dias, aquele, decisivo, em que o ato pende para a ruína. É esse dia único e desastroso que a tragédia se dá como objeto e como unidade de tempo, esse dia em que *páthos* vem muito exatamente se sobrepor a *drâma*".[152]

Páthos, como vimos, é a experiência que se adquire na dor. Recordando: o sumo do pensamento trágico vai exposto na máxima esquiliana: "No sofrimento, o conhecimento."

A concentração dos acontecimentos sugere que, quando há essa densidade, é quando a assistência "aprende" de fato. É o momento de concluir juntando-se rapidamente ao instante do olhar e ao tempo para compreender, tal como postulou Lacan. Com a ressalva de que a compreensão faz parte mas não diz tudo que se passa com o espectador. É de um reconhecimento que fala Aristóteles e este solicita também, mas não só, a compreensão como momento mediador. Há um engate apertado entre um sentimento avassalador parecido com a expressão "é agora!", mais tradutível como "tudo já!" – que se opõe a qualquer adiamento – e a conscientização da audiência. A morte como possibilidade evidente salta aos olhos. Apesar de seu aspecto terrível – a tragédia pretende levar-nos às lágrimas mais imemoriais que conseguimos chorar –, essa condensação tem o tempo de um anti-mal-estar cultural. Ela não demora. Sua instantaneidade figura isto, o efeito que provoca atesta este traço que sublinha fortemente a eficácia do dispositivo estético. Depois dessa experiência, tudo é diferente.

Ao mesmo tempo que apontamos o sentido de um mal-estar, devido em grande medida ao tempo de adiamento a que é submetida a satisfação dos desejos e das pulsões que são seu estofo, a condensação do enredo trágico, pela sua oportunidade, fala de um desejo

---

151. Cf. Gondar. Op. cit.
152. Idem, p. 27.

oposto, talvez primeiro em relação àquele ao qual nos habituamos e que aparece como reativo: o desejo humano de não retardar mais nada, de parar de adiar o tempo, como se isso algum dia tivesse sido possível. Adiamos as nossas vidas, jamais o tempo de sua duração. A expressão disto é possível na criação poética. A condensação em um dia não permite o menor adiamento; a tragédia expressa isto com todas as letras.

Será que a idéia de condensação, criada por Freud como um dos mecanismos do processo primário das formações do inconsciente, guardaria algum parentesco de funcionamento com essa unidade de tempo? Sempre a entendemos como a fusão em uma imagem, de figuras diferentes, partes diversas de objetos ou pessoas, em uma configuração das mais inusitadas, com forte poder de atrair nossa interrogação. Esse fascínio pelo absurdo, revelador de uma sede de conhecimento a respeito de nós mesmos, no limite do imponderável, carrega uma forte dose de afeto, sem o qual não conseguiria se mover. Todas estas junções são eficazes na expressão do que está inconsciente, daquilo que é a mais em nós, do que poderia não estar onde está, para que a vida desperta pudesse ser menos vacilante. Esses encontros forjados pela condensação, que não trabalha sozinha sabemos, são pedaços do inusitado que, muitas vezes, é responsável pelos caminhos que tomamos. Mas a formalização da condensação psicanalítica parece caminhar além da sinonímia e da homonímia, coincidência significante, que mantém com a condensação da unidade de tempo trágica: ambas, como qualquer precipitado denso, podem ter um efeito, por assim dizer, devastador. "Por que eu tinha de sonhar com isto? Por que era meu pai jovem se fazendo passar por meu namorado que estava na minha frente no sonho?" perguntava-se uma paciente. Por que será que Édipo tinha de estar na estrada justamente no momento em que Laio passaria por ali?[153] Esses momentos densos, eivados de interrogações em parte irrespondíveis, em parte pesquisáveis pelo paradigma do desejo, submetem o sujeito ao inelutável reconhecimento de uma condição: genealógica, nos dois casos, mas não só; as malhas afetivas ganham um contorno nítido, que beira o intolerável, que a condensação não permite recusar. Estética ou afetiva, elas aproximam-se na avaliação de seus efeitos.

A tragédia, conforme tivemos oportunidade de dizer, não perdoa nenhuma inconsciência. Na verdade, ela condensa os esquecimentos

---
153. A esse repeito ainda examinaremos uma interpretação da tragédia no final deste capítulo.

ou as ignorâncias, com a evidência da demonstração de um teorema. Ela metaforiza, transforma significações transportando-as nas redes significantes, segundo a bela interpretação que Lacan dá para o conceito freudiano de condensação. A tragédia sempre metaforiza, obra de arte que é, e impõe fortemente um sentido preciso (ele é interpretável, polissêmico, ou o que se quiser chamar; mas possui um centro de significação bastante apertado). Não há o que pretextar perante ela, nem por parte do herói, agora muito menos por parte da audiência. Uma vez assistida, dela não podemos alegar qualquer argumento para forjar uma distância repousante. O pretexto da inconsciência ou da ignorância refere-se à nossa história com suas amnésias que nos possibilitaram viver. É preciso esquecer para poder viver. Mas é desse esquecido que o espetáculo trágico nos fala, afirmando que ele faz parte de nós. Tal como uma construção em análise, construção daquilo que muitas vezes não gostaríamos que fizesse parte de nós, a relação de recusa e de implicação é absurdamente ambígua. E talvez insolúvel. Sempre haverá mais inconsciência para cada pedaço iluminado de uma história. Sempre haverá matéria-prima para reeditar o trágico.

8. A cidade como outro analógico do sujeito psíquico.

A leitura do universo trágico feita pelos helenistas nunca deixa de considerar, em uma de suas vertentes principais, o aspecto político dessa manifestação. Ela se debruça, como já dissemos, sobre os novos tempos da *pólis*, essa cidade que passa por uma transformação radical nas formas de sua organização. Até já vimos que essa vertente política pode falar muito do gênero trágico, mas para aquilo que nos interessa, este aspecto não esgota aquilo que se pode pensar sobre a tragédia. Tão importante quanto ele é o que fica fora da esfera política, aquilo que diz respeito ao homem que subjaz ao cidadão.

Porém, nessa sua configuração de transição, a cidade grega pode fornecer-nos um modelo preciso para uma analogia com o campo da psicanálise. Isto porque, principalmente, ela discute seu futuro, ou os novos tempos que se fazem presentes, por meio de um olhar voltado à discussão do passado. Não de qualquer passado, mas de um passado mítico que lhe é simultaneamente distante e próximo. Como vimos com Paul Veyne, o mito acontece em um tempo diferente do cotidiano, mas não pára de acontecer concomitantemente, pois sua narrativa está sempre prestes a ser atualizada.

"A cidade se faz teatro; ela se toma, de certo modo, como objeto da representação e se desempenha a si própria diante do público."[154]

A cidade, em sua versão contemporânea contada por Nicole Loraux, é a França inteira mocionando-se com a transmissão de Os Persas no fim da Guerra da Argélia. Um país vai ao passado por aquilo que se apresenta, na atualidade, como grave interrogação e fonte de inumeráveis dúvidas. Assim, em análise, visitamos uma infância mítica, segundo a versão mais desejante de nossos pacientes. Essa versão pode ser construída por uma coloração sintomática e aí os ardis do desejo ficam mais indecifráveis à primeira vista.

O que é importante frisar nessa analogia é o espaço aberto para que um outro tempo, um outro discurso, uma outra língua apareçam e ganhem voz. A cidade parece sugerir a interpretação de que, sem isso, ela estaria fadada a repetir-se, pois o futuro sempre se apresenta sob a forma de mergulho no abismo. Avançar cada passo recobrando um sentido renovado que olha a história pregressa em perspectiva é constituir um futuro no presente, em que há ruptura e tensão, em um grau de suportável alteridade. Afinal, o que acaba por se anunciar, tanto na tragédia pela pena do poeta, como em análise, pela boca do analista, é a *transitoriedade das formas*. As interpretações sucedem-se e transformam-se, não são hoje o que foram ontem. À indagação justa e angustiada, "mas você não falou diferente outro dia?", a resposta ou não vem, anunciando uma dolorosa constatação que deve chegar ao analisante, ou vem em uma forma terceira ainda, pois junta-se aí a vontade de deter o que não é possível deter, sendo o homem um ser de afetos e linguagem.

A cidade, como qualquer sujeito que busca análise, só mergulha no universo mítico de seu passado quando o novo a convoca a isto. Pode ser um novo do sintoma, do desejo, da dor ou do prazer. O desconforto da transitoriedade faz do passado um assunto que volta. As temáticas que essa busca suscita – busca que se assemelha ilusoriamente a uma volta –, pesquisadas exaustivamente pelas lentes do mito, dão ao novo a profundidade que o transitório recusa por definição. Cria-se uma espécie de âncora.

O discurso ambíguo da tragédia constrói a transitoriedade da situação. Em Prometeu, o herói fala de um tempo em que Zeus não

---

154. Vernant e Naquet. Op. cit., v. 1, p. 20.

mais reinará. Zeus, o deus novo, que sucedeu a uma teogonia em que Prometeu ocupava uma posição excepcional. O discurso trágico, extremamente próximo do analítico, sempre deve ser um discurso de passagem, da passagem de um tempo a outro ou de uma posição a outra. E deve fazê-lo na mais absoluta simultaneidade, pois se isto se der sucessivamente, em uma ordenação linear, ele perde a característica que o faz trágico. Assim sendo, ele combina com as criaturas efêmeras a quem Prometeu ensinou a arte do fogo.

Lemos em Prometeu, de Ésquilo:

"*Oceano: Não sabes Prometeu que as palavras são médicos
capazes de curar teu mal, este rancor?
Prometeu: Quando se percebe o momento em que é possível
enternecer o coração, e não se tenta
curar à força rancores que já são chagas.*"[155]

Sabemos que Prometeu está atado a um rochedo por ter roubado aos deuses o segredo do fogo e tê-lo entregue aos homens. O que ele diz nessa passagem, entretanto, é que, por vezes, nem mesmo as palavras conseguem mudar o que se plasmou demasiadamente. E este é o contraponto magnífico ao discurso que anuncia a transitoriedade: algo resiste a ele, intercepta-o e mantém-se como peso morto, resto, inatingível pelo movimento de tudo o mais. Mais uma vez, em um desdobramento infinito de seus ensinamentos, defrontamo-nos com o trágico, aquele que suportaremos até o fim de nossos dias, tal como Prometeu parece fazê-lo. Porém, ele mesmo sabe o dia de sua libertação e o anuncia, embora ainda muito distante para a dor que não cessa de assediá-lo.

No passado que a cidade busca, ela acaba por encontrar conflitos e mais conflitos. Porque na tragédia se digladiam várias categorias do universo religioso, que tiveram vigência em diferentes tempos e permanecem em parte atuando, é impossível conseguir entre eles uma total harmonia. Aliás, não seria este seu desejo; é seu próprio conflito presente que se espelha ali. A posição do pai, a família, as

---
155. Ésquilo. Prometeu acorrentado. Trad. Mário da Gama Kury. Rio: Zahar, 1993, v. 498-502.

suplicantes que não podem deixar de ser recebidas, os crimes de sangue, etc. É disso que a tragédia quer falar.

Mas há uma ressalva a fazer nessa apresentação da cidade como um corpo que aceita discutir sua divisão estrutural. Ressalva que estabelece um paradoxo que chamaríamos de trágico, para não escapar a tudo que dissemos até agora, mas que, mais que trágico, diríamos humano (se houvesse aí grande diferença), e, psicanaliticamente, narcísico, naquilo que isto coincide com imaginário. "(...) Quando a cidade representada é Atenas ou um equivalente de Atenas, quer se trate da Argos das *Suplicantes* de Ésquilo, da Atenas das *Suplicantes* e dos *Heráclidas* de Eurípedes, ou, enfim, do *Édipo em Colono*, o debate é de certo modo anulado, e a cidade é representada como Platão gostaria que fosse: una."[156] Já a "Tebas trágica sempre funciona como paradigma da cidade dividida. Trata-se de uma essência, não de uma existência".[157] Há um lugar, <u>fora</u>, onde o conflito encontra seu cenário. Aos olhos de Atenas, Tebas é a anticidade, repleta de tiranos, de conflitos, de disputas pelo poder, em que ela, Atenas, pode discutir as questões que lhe vão pelas entranhas. O outro sempre carrega mais problemas que nós; é indiscutivelmente mais confortável discutir-me usando outrem projetivamente. Fica péssimo quando fazem isto comigo! Na situação analítica, assim como no palco trágico, essas maneiras de tratar as dificuldades parecem encontrar uma boa forma que torna viável sua superação.

Como último reparo, esta analogia que faz uso da cidade é bastante antiga. Platão já se utilizava dela para estudar a alma. Freud também a usou em suas construções arqueológicas para o aparelho psíquico.

9. O desenho do cultural nos escudos dos heróis.

Já nos referimos à personagem de Etéocles, protagonista de <u>Os sete contra Tebas</u>, de Ésquilo. Vernant e Naquet escrevem que, de fato, não é nele que está centrada a peça e sim na cidade, em seus valores, os modos de pensamento, as atitudes que ela exige e que Etéocles representa "à sua testa". Tudo isto se transforma, como

---

156. Vernant e Naquet. Op. cit., v. 2, p. 188.
157. Idem, pp. 190 e 191.

vimos, quando é pronunciado a ele o nome de Polinices, seu irmão. Este armou-se de um exército que vem tentar a conquista da cidade. São sete chefes à frente, cada qual portando um escudo que traz um desenho. E a seqüência dos escudos refaz o caminho que chamaríamos, do ponto de vista da psicanálise, de implantação do cultural. Trata-se das mais belas páginas poéticas e de análise com que pude ter contato nesta pesquisa. E como ela perfaz o percurso por onde se iniciou essa aproximação dos campos da tragédia e da psicanálise parece adequado concluí-lo com um breve comentário a respeito delas.

O primeiro dos escudos, de Tideu, traz "um céu forjado, brilhando sob os astros, e, no meio do escudo, resplandecente, a lua cheia (...)".[158] Estamos no mundo cósmico, não-humano. O segundo escudo, de Capaneu, traz um homem nu com uma tocha e nele está escrito "Tomarei a cidade". "Efetivamente, passou-se do cosmos ao mundo dos homens, homens que falam e que *escrevem*."[159] Um terceiro escudo traz a figura de um hoplita, soldado hierarquicamente superior na escala de valores gregos, que tem, entre outras, a função da introdução de outro guerreiro nas artes marciais, por meio da efebia. A partir desse escudo há uma seqüência de outros quatro com figuras não-humanas, sem inscrição alguma, entre elas a famigerada Esfinge. A escrita só volta a aparecer no último escudo, o de Polinices, filho de Édipo, irmão de Etéocles, que tenta retomar o trono de Tebas. "E ele traz um escudo perfeitamente redondo e recentemente forjado; um duplo brasão aparece como artifício. Um guerreiro em ouro cinzelado vê-se conduzido por uma mulher, que o guia com prudência. E ela diz ser *Dikê*, como afirmam as letras inscritas: 'Reconduzirei este homem e ele recuperará sua cidade e conseguirá voltar ao lar dos pais'."[160] É uma mulher quem conduz Polinices de volta ao lar paterno, em uma "inversão do rito de casamento".

O que parece importante sublinhar dentro dessa "linguagem dos brasões", é que "escrever é decididamente próprio do homem".[161] Parece que situamos, nessa esplêndida formação, o desenho mítico de uma origem, tal como nos conta a tragédia. A disposição dos escudos traça uma formação em ângulo agudo, sendo o lado direito aquele que representa a lenda de Édipo, com a Esfinge sobrepondo-

---

158. Idem, p. 140.
159. Idem, p. 141.
160. Idem, p. 146.
161. Idem, p. 143.

se a um tebano, em que também está Polinices; o lado esquerdo é aquele em que aparece a cidade, a instituição representada por seus guerreiros, sua muralha. Na melhor arquitetura textual, os dois lados falam de Etéocles, à direita, o filho do clã maldito, à esquerda, o rei-cidadão que deve proteger sua cidade. Como vimos, ele oscila de um a outro, até encontrar a morte, ao lado do irmão. Em todos os casos, a cidade deve prevalecer, sem a menor sombra de dúvida. O que acaba permanecendo com ela é essa certeza, com o espectador, de que não havia como conciliar essa divisão que destrói Etéocles e que não pára, um segundo sequer, de assediar a cidade. Está aqui, na tessitura mais fina tanto da escrita poética como da analítica, uma espécie de súmula do sentimento trágico, que vem ao mundo no século V a.C., na Grécia clássica.

10. Platão, a crítica ao trágico e um pior que a tragédia.

Em nossa trajetória de definição do que seria o trágico, quem poderia supor que encontraríamos, expresso na mesma época de sua formulação, aquilo que poderia funcionar como contraponto de tudo o que vimos falando até agora? Ou seja, algo que pudesse fazer um contraste com esse sentimento que nomeia um conceito de grande extensão polissêmica. E um contraste que se encaminha pelo via do cômico, ou melhor, que partilha com esse gênero de evidente oposição ao trágico, uma parte fundamental de seu poder de arrebatamento. Ao mesmo tempo, caberia pensar que somente a época que forja um determinado estado sentimental teria condições de contrastá-lo, por meio de outra de suas produções. Ou ainda, que estas produções simbólicas só teriam nascido de um mesmo solo fértil, nas condições propiciatórias dessa época.

A comédia participava do festival das tragédias, sendo representada após as trilogias trágicas que continham as mais duras explosões de *páthos*. Pode-se entendê-la como a tentativa de permitir ao espectador refazer-se da experiência recém-sofrida, mas isto seria esgotar muito facilmente a extensão de sua função. Ela, sob outro ângulo, poderia dividir com a produção trágica, a poesia e a arte em geral, uma mesma fonte de impulsos; aquilo que é propriamente humano tentaria vir a essa fonte apreender o que lhe escapa, fracassando quase incondicionalmente nessa missão. Haveria uma fronteira delimitando o abissal que cerca o humano, à maneira de um cordão sanitário, com o intuito de separar das coisas ordenadas por alguma lógica aquilo que não tem causa explícita e nenhuma ordenação, aquilo que não se cerne principalmente pela linguagem, que define o humano em seu grau máximo de distinção e excelência.

Tudo isto faria com que o trágico e a arte em geral funcionassem como anteparos ao real, tão extensamente tematizado pela psicanálise. O trágico teria algo pior a esconder, a camuflar, apesar das terríveis agruras que ele instaura e impõe ao mundo. Para tudo que conhecemos, podemos descobrir esse pior, e isto já é uma espécie de súmula da versão trágica de uma filosofia de vida. E esse pior esconde-se sutilmente nas malhas mesmas do enredo das peças, além de ecoar em sua música e nos ritos que faziam parte da encenação.

Platão refere-se a isto ao situar o papel da arte em uma sociedade como a grega e ao expulsá-la, enquanto manifestação de *páthos*, de sua república ideal. Ao fazê-lo, ele atinge, com veemência, esse núcleo violento que se situa no coração da produção artística, desenhando com sua crítica o que a arte e a tragédia têm de mais central, dizendo-nos talvez mais que Aristóteles em sua tentativa de canonização desta mesma produção. Platão aponta para esse pior.

A arte, para ele, estaria três graus afastada da verdade e do real. Haveria um nível primeiro, definido por estas categorias, atingido pela perfeição divina, um outro, dos construtores dos objetos do mundo segundo essa codificação verdadeira, e um terceiro, dos imitadores, que copiam as aparências da produção efetuada pelos segundos. Os construtores saberiam as necessidades e os modos de funcionamento das coisas que constróem, lançando mão, em sua fabricação, dessas verdades aprendidas na própria utilização delas. Já os artistas, os poetas, não precisam deter tal cabedal de conhecimento, pois a aparência já lhes basta para criar seu objeto que provocará determinados efeitos. A arte atingiria a imitação de cada coisa, parcializando o possível conhecimento dessa mesma coisa. A imitação visa ao que é belo ao maior número possível de olhos, filtrando portanto, em sua elaboração, aspectos que podem fazer surgir interrogações a respeito desse recorte da verdade que ela efetua. A imitação passa a ser um jogo bastante intencionado, ou seja, não se trata de algo sério, que deva ser levado em conta entre os possíveis canais de construção de um cidadão em posse de sua racionalidade, que deve servir sobretudo para aprimorar o coletivo.

A arte e a pintura, escreve Platão[162], têm grande afinidade com aquilo que, em nós, "existe longe do pensamento". Elas despertam e nutrem "este elemento inferior de nossa alma e, dando-lhe força, ele arruína o elemento capaz de raciocinar (...). O poeta imitador instala uma má constituição na própria alma de cada um de nós, pela sua complacência com aquilo que nela há de despropositado e que não sabe reconhecer, nem o que é maior, nem o que é menor, mas tem as mesmas coisas ora por grandes, ora por pequenas: fazendo simulacros com simulacros, e afastada do verdadeiro a uma distância enorme".[163]

O Estado que aceitar o domínio das musas de uma tal arte viverá sob a realeza dupla da pena e do prazer, que substituiriam a lei e a regra que a consciência comum arbitra como sendo a melhor. O efeito mais deletério de um tal tipo de arte é a contaminação dos sábios. A atitude "sentimental" daria ao homem a maneira de uma mulher, atiçando a pior parte de sua alma, a menos sábia. Platão exemplifica isto com a experiência de um luto[164]: levado exageradamente às últimas conseqüências, o homem encontraria nesse estado um prazer, comportamento em tudo condenável quando se pode raciocinar e racionalizar a experiência de perda, apesar da grande dor. O que ele fala do luto, do choro, da tristeza, vale também para o risível.

No espetáculo trágico, o reconhecimento que será teorizado por Aristóteles, a *anâgnorisis,* atinge de fato poucos espectadores. Justamente os sábios, capazes do exercício intelectual de manipular o que vai pelas palavras; assim, o efeito deletério atingiria quem não poderia, em nome da boa ordem, ser atingido. Com isso, a tragédia estaria destruindo a demorada constituição de um cidadão completo, no melhor rendimento que dele se pode obter, visando a um fim público. O resto da audiência talvez mal soubesse o que se passa em cena, como em muitas épocas, de um ponto de vista antipaticamente intelectual, tornou-se hábito pensar.

O grande risco seria confundir ilusão com verdade. Por isso, é necessário retirar a força fantasmática da ficção, expulsando-a da cidade. Dito da maneira mais cabal, a poesia poderia transformar os sentimentos do riso e da pena em senhores da nossa alma, quando seria ela que deveria domesticá-los para os tornar melhores.

---

162. Platão. República. Livro X, 603. Oeuvres Complètes. Trad. Léon Rubin. Paris: La Pléiade, 1950, p. 1.216.

163. Idem, 605, p. 1.219.

164. Além do luto ele fala do parto (que tem a ver com o corpo) e da paixão amorosa.

A domesticação é assunto comum à tragédia e à psicanálise. Ambas pensam-na matizada, isto é, não acreditam em seu sucesso absoluto, seja diante dos sentimentos "selvagens", seja diante das pulsões, o que vem a ser, aqui, quase a mesma coisa. Psicanaliticamente falando, a experiência do chiste propicia essa atitude cética diante da domesticação. Por um lado, o efeito de surpreendente economia consegue produzir um riso parcialmente domesticado, porque é construído a partir de uma elaboração lingüística que "detém" o real. Por outro, o riso mesmo é a descarga advinda do reprimido que se liberou no ato, apontando porém para este estado/lugar de que veio o motivo para rir. Vimos falando de fronteiras, e o riso não deixa de demonstrar essa linha exuberante que atravessa pelo meio sua manifestação e que demarca o doméstico do selvagem, aquele do riso solto, desenfreado, louco, que começou ali em que fez seu efeito a economia de linguagem para não se conter mais.

Kathrin H. Rosenfield[165] propõe que a psicanálise, por não desconhecer os limites de seu alcance ante aquilo que ela mesma cunhou de além do princípio de prazer, seja "positiva (totalmente voltada para os fatos concretos) e 'trágica' ou poética (lembrada do resíduo inominável que lhe fornece seu impulso)".[166] Esse resíduo criaria as zonas de opacidade e turbulência que são os interstícios da fala poética que compõe o espetáculo trágico e teria uma contrapartida no mito.

Esta autora fala-nos que a angústia gerada pelo incomunicável e a ansiedade de depararmo-nos com a experiência do sem-fundo correspondem miticamente ao terror desestruturante provocado por Pã. "*Páthos* sem limites, o medo pânico é signo da irrupção de uma força que está além e aquém da ordenação humana, horizonte inquietante, que os ritos, as artes, os artifícios da 'cidade' deslocam, mas não eliminam."[167] Como vimos, a cidade "trágica" espreita o pior, sabe de sua existência, além mesmo do que está na cena trágica.

Os "ataques" de Pã, devido à força descomunal que possuem, "dissolvem as estruturas da sociabilidade. Mas, ao mesmo tempo, sua força desmedida – representada por um imenso falo e uma irriquieta sexualidade polimórfica e perversa – é um substrato vital

---

165. Rosenfield, K.H. O que faz o bode (tragos) na "psicanálise trágica"? Palestra apresentada no 3º Simpósio Nacional da Formação Freudiana, "O trágico na psicanálise", em 10 de novembro de 1995, no Rio de Janeiro. Mimeo.

166. Idem, p. 3.

167. Idem, p. 4.

sem o qual nenhuma prosperidade humana seria pensável. Pã representa o torpe jeito de ser da vida, o mistério nos limbos da vida regrada – o horizonte e o limite da razão: é a 'outra cena' feita de imagens da experiência imediata (...), sobre as quais o pensamento e a razão têm um domínio muito limitado".[168]

A *pólis* democrática abrirá grandes espaços para o seu culto, uma vez que Pã é considerado deus dos fenômenos sem causa. Um bode era sacrificado antes de cada concurso trágico, e a veneração de Pã "(...) expande-se (...) concomitantemente ao surgimento das novas práticas discursivas da *pólis*: a palavra pública nas assembléias políticas, na poesia lírica e na representação trágica".[169]

Um acontecimento "pânico" em particular afetava de maneira decisiva a vida na época clássica, embora ele possa ser observado anterior e posteriormente: a súbita desordem que se apossava das tropas militares, e também dos rebanhos, desarticulando acampamentos e estratégias, fazendo com que a guerra fosse perdida, tal como nos narra Ésquilo, em Os Persas. Pã anula a comunicação do indivíduo com ele mesmo e dele com o coletivo que o circunda e do qual faz parte. Na *"theolepsia* (possessão, presença imediata do deus na pessoa), o indivíduo perde todo controle sobre si mesmo, cai na correria louca, no riso louco, ou, ao contrário, na prostração, catatonia (...)".[170] Essas descrições reverberam na famosa e atual síndrome de pânico, uma das últimas moedas cunhadas pela psiquiatria.

Pã é filho de Hermes, que, conta o mito, graças aos seus ardis espetaculares, conseguiu franquear as portas do Olimpo. Fazia assim uma espécie de comunicação entre os dois mundos, tornando-se mensageiro, elidindo também, dessa maneira, a condição trágica, uma vez que passou para o outro lado, aquele da eternidade e da eterna felicidade. Pã nasce e reencontra a condição trágica. Tem uma forma monstruosa, meio homem, meio bode, que assusta os homens e provoca sua rejeição. Aos deuses ele agrada, provoca riso, e torna-se companheiro de Dioniso. É inventor, como seu pai, de instrumentos musicais. Mas seu mito "é o relato da separação irremediável entre homens e deuses, a confirmação da vida trágica dos homens".[171]

---

168. Idem.
169. Idem, p. 9.
170. Idem, pp. 5 e 6.
171. Idem, p. 7.

O homem-bode figura assim a incomunicabilidade entre mortais e deuses. De um lado, ele é apreciado pelas artimanhas e brincadeiras; por outro, rejeitado e temido como deus dos fenômenos sem causa! Ele estabelecerá sua morada "(...) nas margens do mundo humano – nas montanhas, nos pastos não arados e nos ermos, para onde se aventuram apenas os homens mais rústicos, estranhos à civilização da cidade".[172]

Precisamente nesse ponto é de se comentar que a aparição de Pã no texto trágico pode acontecer de forma menos explícita do que no texto de Ésquilo sobre a guerra entre gregos e persas. Em Édipo-Rei, de Sófocles, a geografia da morada do deus é palco de dois acontecimentos magnos. Édipo mata Laio em uma encruzilhada da estrada entre Corinto e Tebas. Não se trata do lugar onde está a cidade, mas a figuração do que está fora dela, sobrevivendo à sua organização. Como veremos pelo enredo, o que acontece fora reverbera dentro dela: a peste assolará Tebas pelo assassinato de seu rei[173]. Édipo, ainda, defrontar-se-á e derrotará a Esfinge que habita uma rocha próxima de um abismo, onde ela se precipitará depois de vencida. O abismo rochoso sempre foi hábitat do bode, lugar de atração inescapável para qualquer homem, em que experimentamos a ambivalente vertigem, desmaio corporal do ser e contenção angustiante ante a possibilidade de embriaguez pela vertigem.

Por toda esta alusão caprichosa, que pode até passar despercebida do espectador, mas aperta ainda mais a trama do tecido trágico, o "bode-Pã é o significante de uma dimensão recalcitrante ao domínio direto da razão".[174] Talvez, em virtude disto, sua aparição não seja explícita. Aliás, seria de se perguntar, e a arte não deixou de fazê-lo em 25 séculos, como seria a aparição do imediato em estado puro?

---

172. Idem, p. 8.
173. Não é preciso, no Brasil das religiões africanas, falar do valor simbólico das encruzilhadas. Elas permanecem um lugar em que a execução do rito ganha força para obter sucesso em seu intento. De um ponto de vista pagão, que é aquele dos deuses que não têm morada na cidade governada pelos deuses do Olimpo, como Dioniso e Pã, esses lugares são palcos de grandes acontecimentos, especialmente quando se opõe à boa ordem da qual estão excluídos. Em Édipo-Rei, demora-se muito tempo para que alguém descreva o que se passou no assassinato de Laio. No início do texto o que se sabe é informação truncada que não corresponde à verdade dos fatos. Tensões dramáticas à parte, podemos pensar na necessidade de distância que um tal espaço, do lado de fora, parece inspirar para os defensores da boa ordem política. Não é prudente, nem desejável, travar contato com o que está à margem. Genial é o espetáculo trágico tangenciar sutilmente o assunto.
174. Rosenfield. Op. cit., p. 6.

Muitas poéticas surgiram dessa interrogação. "A tragédia transforma os mitos e ritos arcaicos, e mantém os rastros desta alteridade quase impossível de assimilar. Mas ela se empenha em transformar o terror pânico – radicalmente incontrolável e signo da incomunicabilidade entre o divino e o humano – em sentimentos atenuados. Terror e piedade podem muito bem ser considerados formas 'domesticadas' do pânico."[175]

A argumentação platônica perscruta este sem fundo pânico ao condenar a poesia. A duplicidade da fala poética tem parentesco com a duplicidade do bode e com a ambigüidade da linguagem trágica. Platão teme os seus efeitos nos espectadores. A experiência de *páthos*, vivida na encenação dos "paradoxos do espetáculo trágico", não capacita ninguém a transformá-la em "comportamentos não-pathéticos, cognitivos. Longe de suscitar uma reflexão ou de mediar julgamentos justos, a linguagem natural, confusa e arrepiada do mito põe em perigo o 'discurso verídico e estável' da razão filosófica, da mesma forma que as correntezas do Euripe são perigosas para o navegador".[176]

Com esta ordenação, a tragédia alude a um pior que ela mesma. E pensar que, para nós, o trágico já tinha tamanho suficiente! Considerá-lo como representação de certa maneira tamponante dos efeitos infinitos de um além incognoscível, mas operante, é atentar para uma interrogação que nos acompanha desde o início: que interesse humano é este de investigar o sofrimento e seus correlatos como o medo, a dor, entre outros? Seria uma prevenção contra o abismo vertiginoso? Poderíamos então imaginar o homem vivendo agarrado a uma rocha à beira de um precipício? À maneira trágica sim, porém não agarrado e sim amarrado eternamente a ela. Prometeicamente, o conhecimento, incluído nele este saber sobre a dor, só nos enreda em teias em que a ambivalência parece garantir cada vez mais espaço. A psicanálise, que, em princípio, se opõe à argumentação platônica contra a arte, pode concordar com a revelação que se esconde nessa posição: é preciso, de alguma maneira, estruturar algo contra o nada. O que não pode acontecer é que a construção simbólica nos cegue e faça-nos esquecer nossos pés inchados, que nos fazem mancar ao caminharmos sobre escarpas nada amistosas e confiáveis que se situam nas bordas das cidades onde estabelecemos nossa rotina vigilante. É para saber a respeito de uma tal deambulação que também

---
175. Idem.
176. Idem, pp. 8 e 9.

empreendemos nossas análises. Nesse sentido, análise não é uma promessa de felicidade, nem a civilização um porto feliz e seguro; psicanálise e platonismo, aqui, não coincidem em absoluto.

Capítulo II:
Passagens Trágicas na Clínica Psicanalítica

"O assassinato e o incesto pertencem de imediato ao campo da tragédia. A mentira, os enganos, as dores sempre singulares, a série de insatisfações que a vida inflige tecem os dramas cotidianos. Nos tratamentos, na maioria das vezes, começamos tendo acesso ao drama. O trágico pode, no entanto, vir reforçar um drama singular quando atos ou palavras destituem um sujeito de um lugar que lhe caberia de direito, ainda que não tenha havido realização efetiva de incesto ou assassinato. É assim que alguém pode ser destituído de seu lugar de Criança, Pai, Mãe ou membro de uma comunidade. O sentido coletivo dado pelos fundamentos míticos das tragédias abate-se, então, sobre o acontecimento singular do drama privado. Permitir a passagem de um espaço ao outro é a característica do trabalho do psicanalista."[177]

A passagem entre o trágico e o dramático, longamente tematizada na história das idéias estéticas, indica, grosso modo, a alternância entre estados em que se pode ou não encontrar solução, saída para uma situação de conflito. Vimos que nem sempre o trágico comporta uma resolução entre os contendores que se debatem em suas peripécias, como é o caso de Antígona. Mas, outras vezes, o desfecho

---
177. Zygouris. Op. cit., pp. 229 e 230.

trágico que se esperava também acaba melhor, em um certo compromisso que afasta a morte, a irreconciliação e a manutenção de um estado de coisas em permanente tensão; é o caso das Eumênides. O compromisso e o conflito acabam convivendo segundo uma fórmula que certamente sofrerá alterações no correr da história. Em todo caso, a passagem para algo dramático indica que se conseguiu uma saída, um caminho em que o desfecho permite solucionar o conflito, de maneira a suprimi-lo. A supressão do conflito não faz parte das idéias trágicas e, com Nietzsche, veremos que o drama corresponde mais a uma saída socrática, que ele adjetiva de covarde, para escapar da situação armada pela tragédia, verdadeiramente ousada e disposta a enfrentar qualquer desafio, não importando a magnitude deste.

Para um psicanalista, tal como coloca Zygouris, é importante pensar essa oscilação. As situações trágicas da análise podem referir-se a muitas coisas, mas principalmente têm a ver com aquilo que se refere ao desejo, tal como estruturado na situação edípica, com a fundação do inconsciente e com os movimentos identificatórios que, desde então, acontecem sem cessar. Ordenações simbólicas constróem lugares a partir dos quais identificações singulares serão sedimentadas. Mas tudo isto é movente e veremos como a mudança nestes lugares e posições configuram passagens trágicas de uma análise.

Sempre somos destituídos desses lugares, incessantemente, em ritmos mais ou menos desiguais. É impossível passar pela vida sem sofrer transformações nas condições que nos antecipam e nos atravessam já na hora do nascimento. Essas condições armam-se de categorias das quais vamos sendo destituídos e imbuídos, em um jogo bastante acidentado e complexo que redesenha incessantemente nossa geografia psíquica (de alma). Essa destituição sempiterna, armada por sucessivas identificações que se acumulam e se transformam, é o assunto trágico da análise, por excelência. Porque a destituição também se faz acompanhar por ganhos e alívios, pelo menos até certo ponto, com certeza, é possível viver e sustentar essas passagens quase irremediavelmente dolorosas de nossa constituição. Aprender a mudar de lugar, ter a lembrança sensível da instabilidade que assedia o sítio identificatório, é elemento crucial a ser conquistado pela realização de uma análise. É nestas passagens que a força operadora do mito em suas múltiplas narrativas se atualiza e se torna sensível para nós. Reconhecemos por meio dela os andaimes que sustentam uma construção (que somos nós) que obedece a uma lei, por assim dizer, universal. Ela se faz presente solenemente, em momentos marcantes do percurso analítico; essa solenidade é própria da condição trágica. Nosso enredamento nas malhas do Simbólico fica ainda mais apertado e evidente. Perdemos e/ou ganhamos uma condição; não optamos por nenhum dos dois movimentos.

Uma demanda de análise que faça referência explícita à coisa trágica não é incomum. Muitas vezes, se pensarmos no fracasso que antecede a procura da análise, fracasso que se pode referir diretamente à perda de uma posição identificatória, a situação que nos é narrada beira o insustentável, o que ela é de fato. Situamo-nos à beira de um abismo (lugar onde mora o bode pânico), onde o sujeito teme perder-se para sempre, fragmentar-se, enlouquecer, decidir qualquer questão da maneira mais comprometedora para sua possibilidade de viver dali em diante. Outras vezes, na confusão que reduz o trágico à catástrofe, o pedido de análise vem cercado por este medo que aponta na direção de algo sem solução. O temor fala quase diretamente desta transformação necessária que uma análise pode forjar, uma transformação que muda a posição do sujeito nos lugares humanos designados pelo Simbólico.

Quando JOÃO procurou análise, um terror apoderava-se dele seguida e repentinamente. E se tudo acabasse em desgraça? A catástrofe mais figurável era aquela primeira nos tempos que correm: uma bancarrota financeira, com a justiça batendo à sua porta para cobrá-lo e quem sabe prendê-lo. O medo aparecia e o corpo recebia o impacto da maneira mais sensível possível: ele ficava tomado, teso, o coração disparava. O pânico era, no entanto, psíquico, ele não tinha sensação de vertigem ou desmaios, ofegância, que costumam caracterizar a síndrome psiquiátrica tão em voga cientificamente.

Era, como se pôde construir mais adiante na análise, uma retomada de si, uma cena de resgate do controle daquilo que se poderia abater sobre ele vindo de não sei onde, lugar que já havia preparado surpresas nada agradáveis. Com a sensação de totalizar-se no pior, ele assegurava-se imaginariamente de estar ali onde estava, pois poderia, despercebidamente, não mais estar; e não estou falando de estados confusionais e sim de lugares relacionais, simbólicos, que nos engancham com a comunidade ao redor.

Vinda inesperadamente (é sempre sem esperar que recebemos aquilo que nos parece a primeira explosão traumática), JOÃO recebeu a notícia de que seu lugar de criança não estava mais disponível. Por uma impossibilidade do pai, que não pôde, por sua vez, falar a verdade trágica dos afetos que experimentava, não havia mais pai em casa, apenas a vaga promessa que um dia voltaria a haver, o que acabou não ocorrendo: tratava-se de uma separação definitiva. O Outro solicitava JOÃO a assumir, aos nove anos, um papel de suporte na geografia afetiva da família que ele cumpriu da melhor forma possível. Dizemos o Outro, pois isto evidentemente não foi enunciado por ninguém, mas foi captado e respondido quase prontamente por JOÃO. Algo o convocava, uma família tem pai, mãe e filhos e, a meu ver, foi menos por amor edipiano e mais por um temor desestruturante perante a perda colossal de "chão" que ele acedeu a esse lugar pesado e de desempenho (im)possível. O que poderia haver de satisfação erótica, narcísica, de triunfo sobre o pai, ficou soterrado pela imensa tristeza e desamparo que se tornaram seus companheiros inseparáveis. Não que a vida não tenha andado depois disso: a mãe mostrou-se uma mulher forte, o pai um homem patético atrás de sonhos mirabolantes de fortuna, sempre a dar trabalho para o filho e a demandar deste uma posição parecida em tudo com a de um pai.

Naquilo que JOÃO faz profissionalmente ele é um ás. Enriqueceu rapidamente e apostou na promessa do Outro que, com dinheiro, aquela segurança prometida, de uma geografia plana, sem maiores acidentes, estaria garantida. Invariavelmente em suas sessões, ele relata o que deu, o que pagou, e como tudo isto não bastou para acalmar o pedido (na maioria das vezes do pai) que era endereçado a ele. Porém, em um estrato que chamaria de mais "profundo", ele começou a perceber, com uma nitidez desconfortável, que tudo aquilo não o acalmava. E ele repetia a irrupção do medo antes descrito em mais uma tentativa de resgatar-se. Embora a repetição sintomática e desestruturante não se dê voluntariamente, ela parecia comparecer por meio de um acionamento quase consciente.

Em uma sessão, depois de tentar reassegurar-se lembrando o que tem, e pensar que o que tem há de ser suficiente matematicamente para dar conta das demandas incessantes do pai e da comunidade familiar (que existem mas são aumentadas imaginariamente em progressão geométrica, aumento correspondente a uma exigência pessoal ininterrupta de JOÃO para ele mesmo), mas antevendo um fracasso evidente para si nesse jogo infinito, ou seja, depois de repetir mais uma vez seu ritual que já se provou fracassado, digo a ele: "Mas você não é o que você tem".

Na sessão seguinte, com um sorriso rasgado na cara, ele conta que repetiu para si essa frase aparentemente tão banal, enunciada, no entanto, do lugar poderoso criado pela transferência. O medo começava e ele se dizia a sentença que abria uma possibilidade de se situar de maneira mais singular nesse campo de forças que joga duro com todos nós. A princípio, como uma fórmula mágica salvadora, essa frase permitiu que a análise caminhasse por outros assuntos, além desse caudaloso rio principal.

Ser implicava uma outra série de coisas que não combinava com balanços contábeis. E ele começava a expressar um desejo violento de outras coisas, nem que fossem meros devaneios do que poderia, em algum tempo (ainda fantasioso, ainda mítico), acontecer com sua vida.

De uma perspectiva trágica, ele também abria a possibilidade de enfrentar uma ambivalência afetiva em relação ao pai, de constituir essa marca de afetos indelével, torná-la uma conquista pessoal, com a qual irá trilhar os roteiros que puder escolher para sua vida. A aceitação de um certo grau de ambivalência é uma aquisição desagradável, fomentadora de instabilidade; mas, por outro lado, ela flexibiliza juízos e conseqüentemente atitudes que devem, na melhor das hipóteses, diferenciar-se nas diferentes situações que solicitam de nós uma posição e um sentimento. Na assunção do lugar de homem, não necessariamente o do "pai que tem e pode prover", poderá ou não se afligir com sua inteireza perante as funções que desempenha.

Recentemente, a vida fez das suas, na quase morte do marido da mãe, um homem com o qual ele constituiu um forte vínculo afetivo. JOÃO desesperou-se e atravessamos um calvário de dor e enlutamento que felizmente não se consumou em sua literalidade. Porém, tempos depois, ainda na convalescença, ele observava esse homem e notou em si algo diferente, que não sabia dizer o que era. Eu disse então que, de fato, a vida não seria mais a mesma, ele sabia disto. Em uma concordância resignada, porém com claros sinais de alívio, JOÃO passou, como ele próprio falou, de uma preocupação angustiante a uma tristeza calma, uma tradução singular do estado de consciência que Nietzsche cunhou de "consolação metafísica" ao se referir ao pessimismo de Schopenhauer no tocante à coisa trágica do homem: de uma intensa obsessão, incentivada por tudo que é prática médica em situações de grande complexidade, a um estado de reconhecimento do inevitável, da história e seus acontecimentos indesejados que transformam, do dia para a noite, nossas vidas. Alguns acontecimentos marcam passagens.

Diria que o desespero de JOÃO tinha a ver, evidentemente, com todas as perdas envolvidas na situação, mas especialmente com a rememoração de um trauma capital, que o deslocou abruptamente de uma posição. Não seria a primeira vez e essa revivescência traumática ficou bastante presente nas sessões; mas ela pôde ser enfrentada de maneira radicalmente diferente: na entrega sincera e nada econômica aos afetos difíceis, sem medir conseqüências, e na transformação de afeto que essa entrega operou. É quando se percebe que somos "irremediavelmente tocados por outrem", que não comandamos a composição sentimental que temos de carregar. Isto exige resposta, mudança de lugar, acréscimos/perdas identificatórios. Tudo isto de olho bem aberto, pois uma tensão, que parece insustentável fora destes estados, não se distende até obter uma certa acomodação de tudo o que vai pela vida. Mal se dorme nessas épocas. Se nos puséssemos a imaginar como se ajeitou Tebas, cotidianamente, após a saída de Édipo, como terá sido a noite daquele dia fatídico, talvez pudéssemos figurar o que é passar por estes momentos que são verdadeiros fragmentos de eternidade.

A mudança obrigatória de lugar nas identificações – de novo haveria uma mãe a sobrar desamparada e agora ele iria casar-se – é sempre pior quando se processa a partir de eventos específicos. É quase como se perdessem o aspecto processual e acontecessem na forma de impacto, o que tem a ver com a formulação do tempo da tragédia. Sabemos que não é bem assim, há necessariamente uma assimilação gradual do que é impactante, mas nesse instantâneo algo já se deslocou e o reconhecimento ainda inconsciente dessa verdade detona o afeto angustiante do desespero. Uma calma triste pode fazer funcionar a contento um trabalho de luto.

Reconhecemos melhor os lugares identificatórios à medida que vão passando[178] e outros entram em ação. Muito já se disse a respeito da sabedoria da velhice! É esta a imagem de Édipo em Colono, alquebrado porém sábio, disputado como semente fértil pelas cidades de Tebas e Atenas. Quanto mais mudanças de lugar em nosso trânsito pelo Simbólico, fartamente familiar, mais identificáveis elas se tornam para nós e uma fina camada melancólica passa a cobrir nossas vidas. Algo que tem a ver com sabedoria, com alegria e humor perante a transitoriedade, mas que não se alcança sem esse desesperar encarado aqui como propulsor. Sem sermos pai/mãe/filho/amante/amado/incluído/excluído não se é culturalmente, não se é para o Outro. Isto independente de sucesso ou fracasso em cada uma dessas posições.

---
178. Cf. Mannoni, O. La désidentification. Le Moi et l'autre. Paris: Denöel, 1985.

JOÃO não deixou de sofrer em outras situações esse mecanismo fundamental de repetição, mas se percebe menos necessitado de totalizar-se a cada passo que dá em direção ao futuro. O assunto "pai" também diminuiu consideravelmente sua participação estatística e afetiva nessa análise. A referência a ele já conta com certa dose de humor.

JOÃO tem menos medo do futuro, mas custa a encontrar "graça", desejo, em projetos que pareciam tão almejados, há tanto tempo. O trabalho de análise continua bordejando o abismo ao redor do qual as identificações não cessam de processar-se. Caímos de uma para outra. A identificação, à medida que decanta e sedimenta um processo, é queda, e, a cada uma que conquistamos ou para ela somos empurrados, mais longe de um originário nos encontramos. Este é o caminho descrito por Artaud, e redito por Derrida, como a queda para o signo, que acompanha todo processo de representação.[179] A idéia de uma queda, além disso, está intimamente ligada à proposição trágica, seja ela estética ou filosófica. A sabedoria popular traduz isto nas expressões "cair na vida", "cair na real".

Se pensarmos na idéia de queda, encontraríamos uma pista para entender o lugar insatisfatório da identificação. Sendo decantação, ele é afunilamento de milhares de possibilidades, um resultado forçado por muitas circunstâncias e forças. Como se fôssemos empurrados para um lugar que passaríamos a defender apaixonadamente já que ele passa a ser nosso de fato; em um primeiro momento, este lugar não é opção, se é que será algum dia nessa ordem de coisas. Ninguém escolhe seu sintoma, nem sua posição ante os objetos de desejo. Isto lembra em tudo a teoria da dupla motivação, na qual o herói trágico, obedecendo às trilhas de um destino que lhe foi outorgado, se apega inteiramente a esse mandato que terminará por identificá-lo em demasia a uma linhagem, a uma causa, e determinará sua perdição.

Carregamos essa idéia pesada no percurso do reconhecimento daquilo que somos, que demora tanto tempo para chegar à percepção de uma pequenez. O reconhecimento de uma certa limitação, comparada ao tamanho oceânico do desejo, é simultaneamente detonador de movimento e porto, abrigo que permite o repouso. Mas é sempre menos do que gostaríamos que fosse, resultado evidente de nossa

---

179. Derrida, J. A Escritura e a diferença. Trad. Maria Beatriz Marques Nizza da Silva. São Paulo: Perspectiva, 1971, p. 115.

passagem pela ameaça da castração. Não é à toa que mudamos de posição ao longo da vida! Vale a ressalva que não é só porque enjoamos dele, mas porque os acontecimentos e as ordenações geracionais e simbólicas exigem que assim seja. Caímos de um lugar para outro, falamos aos tropeços; mancamos...

Não temos na vida a nitidez que o texto trágico fornece, embora em alguns momentos paroxísticos ela se anteponha aos nossos olhos. A introdução da idéia de identificação, nesse contexto, leva-nos a considerar uma processualidade quase incompatível com a instantaneidade que uma queda pressuporia. No entanto, é possível cair devagarinho... Cabe ressaltar que, nos inúmeros embates que travamos com as artimanhas do desejo, embates que têm muito de rompantes escandalosos e viscerais, algo aparece constituído e inamovível quando comparado à velocidade espetacular do que está em primeiro plano. Este algo identificatório, verdadeiro mastro de Ulisses a não deixar perder o herói de ocasião que nos tornamos na presença ativa de uma paixão (se bem que inúmeras vezes esse mastro se quebra ou verga de tal maneira que não endireita mais), é, como disse antes, um porto e um peso. É por causa dele que as coisas alguma hora se interrompem; ele dá o sinal que indica limite intransponível: além não é possível avançar. Torna-se pesado por isto e é com certo enlutamento que observamos nossa impossibilidade de abarcar o todo, ser tudo. O fim de uma onipotência narcísica é, sem dúvida, um ganho capital da análise, muito embora ele se dê no reconhecimento de uma perda.

CARLA viveu uma grande paixão fora do Brasil. Teve de, praticamente, fugir do namorado, pois corria risco de vida. Não apenas que ele a ameaçava, mas ela não conseguia fazer frente a qualquer de seus pedidos, na verdade ordens. Emagreceu muito, por essa época não comia nem dormia direito, enlouquecida de paixão, mas também de dor e desconforto. Fugiu e reencontrou aqui uma vida regrada, família, marido.

Lágrimas de sangue esvairam-se durante meses, até que essa imagem do ser amado se aquietasse em sua alma. Ela enfrentou a seguinte equação paradoxal: embora não tivesse sido preterida, não poderia permanecer junto a quem amava. Não havia essa opção; tratava-se mais de algo entre a vida e a morte. E um grande campo de saber a respeito desses assuntos pôde ser constituído. Sonhos, fantasias, todos os recursos psíquicos foram mobilizados para combater a infecção devastadora, e recuperá-la para a vida. Este trabalho tem muito do que chamamos de maternagem e termina em uma espécie de deserto que é a cotidianidade. O que a análise ou a vida comum podem oferecer como alternativa satisfatória a um estado de paixão, em que as marcas do desejo mais teimam em fixar-se do que passar?[180]

Não muita coisa, e esse percurso longo ao redor da impossibilidade parece a única coisa a ser feita. Não queremos nos afastar do abismo, não há graça fora de sua área de influência. Bordejando-o, as figuras constituintes da relação de CARLA com seu desejo foram-se desenhando, voltaram à ordem do dia e à memória tramas e enredos familiares, e a grande esperança de um dia não mais parecer-se com a família (em suas diferentes personagens), livrar-se desta e de qualquer outra âncora identitária. Quando isto pôde ser expresso, ela encontrou um motivo e tanto para sua ânsia de "sair por aí viajando", que era quase uma obsessão. Encontrou também os engates que a levaram a perder-se na paixão desestruturante. A paixão foi uma viagem. Com medo, com profundo pesar, constatou que a corporeidade não se agüenta desse jeito. Ela havia escapado no momento em que um colapso se anunciava. Algo tinha falado mais alto e ela escutou o alerta. Rasgada, dividida afetivamente perante essa constatação, CARLA pôde equacionar, com muito pouco conforto, os dois movimentos: o de entrega à paixão, fugindo de ser, e o do recolhimento, tentando voltar a ser. Isto implicaria atravessar o vazio impreenchível, bordejar a falta, reconhecer sua origem como lugar inevitável. E sustentar essa oscilação entre o que somos, ou melhor, de onde partimos (que nega o desejo de autoctonia) e o que nos tornamos, com as sucessivas passagens identificatórias. O engate com as coisas pequenas da vida foi e continua a ser duro. Mas o corpo, ainda vivo, agradece.

...

As identificações também movem-se e são movidas pelos acontecimentos. Só que seu ritmo de transformação opera em outra velocidade e o reconhecimento do novo lugar é mais lento ainda, ou vem

---

180. Aschenbach, o apaixonado escritor criado por Thomas Mann em sua novela trágica, Morte em Veneza, tem a seguinte passagem, ilustrativa desse tipo de situação: "O quadro da cidade assolada e ao seu desamparo, pairando tumultuadamente diante de seu espírito, ateou nele esperanças inconcebíveis, a ultrapassar todos os limites da racionalidade e de uma extraordinária doçura. O que era a felicidade delicada com que sonhara há pouco, por um momento, comparada a essas expectativas? Que lhe importava a arte e a virtude frente às vantagens do caos?" Trad. Eloísa Ferreira de Araújo Silva. Rio: Nova Fronteira, 1984, pp. 105 e 106.

necessariamente depois[181]. Esse terceiro momento de tomada de consciência, indicando uma passagem inexorável, não necessariamente dolorosa, mas em todo caso com um custo relativamente alto, é indicador do último estágio de operação do trágico. Não é possível pensá-lo, nem pensar a clínica psicanalítica, sem essa conscientização de um processo ou de uma condição: a condição que nos devolve para uma região próxima de um originário que nos constituiu não apenas há muito tempo, mas que não cessa de nos constituir ainda hoje, nas tramas infindáveis da linguagem e do Simbólico; ao mesmo tempo, esta proximidade ao começo só é percebida porque outro lugar, diferente deste inicial, pôde constituir-se.

JOÃO sabe que terá de deixar essa posição torta de pai para, como é seu desejo expresso, ser pai de alguém que irá nascer. Porém, saber ainda não é tudo, mas já é muita coisa. Em seu caso, é índice de aceitação dessa idéia de passagem, já que ele consegue se mover a partir disto.

A recusa dessa transformação identificatória ao longo da vida é causa certa de psicopatologia. Quando é insuportável a mudança de lugar estamos próximos em demasia da catástrofe, naquilo que ela tem de caminho de sentido único, sem volta, sem possibilidade de expansão da consciência de uma condição. A recusa é trágica naquilo que habitualmente costumamos entender por trágico, isto é, naquilo que torna coincidente o trágico com a catástrofe, na redução exclusiva do primeiro à segunda.

VERA é mais uma filha no meio de outras tantas, todas mulheres. Todas encaminhadas na vida, profissional ou afetivamente, menos ela, um patinho feio *avant la lettre*. Não sei a partir de que época, e em virtude dessa posição de total falta de privilégio e distinção, VERA começou a alucinar histórias de amor. Elas aconteciam com diferentes personagens mas de um jeito parecido: convites formulados pelo apaixonado, meias palavras de tom sensual, exigências sexuais gritadas em plena rua onde ela ainda mora. Seu início de análise deu-se em uma dessas histórias que acabaram complicando sua situação perante a comunidade que freqüentava, expondo-a a todo tipo de segregação que os "loucos" atraem para si.

Nos dois primeiros anos de nosso trabalho, passada essa situação inicial, VERA foi ajeitando um espaço que parecia confortável a

---

181. Veremos adiante, com Octave Mannoni, que esses lugares só se tornam conscientes no processo de desidentificação, um movimento de saída da identificação específica.

ela. Embora não fosse totalmente satisfatório, já que nele ainda faltava o amor, conseguia realizar a contento as tarefas de sua formação profissional, arrastando-se um pouco, é verdade, mas desobstruindo canais de comunicação com o mundo, com resultados evidentes. Por essa época, devorava cinema, teatro e livros, seus assuntos nas sessões, mas sem (essa era uma impressão repetida de minha parte) que esses contatos fizessem algum trabalho de transformação maior. As grandes tramas românticas, evidentemente, eram as mais comentadas.

No final desse segundo ano, VERA começa a declarar amor por mim, seu analista. De leve, no começo, falando que se lembrou de algo dito em sessão durante o fim de semana, um desejo quase sussurrado de fazer uma viagem junto. A partir daí a coisa começou a esquentar. Paulatinamente, de maneira evidente, foi perdendo a capacidade de falar. Ela nunca era fluente demais, muito menos para expor suas idéias. Sempre havia algo de inacabado e infantil nessas tentativas de enveredar por caminhos que eram trilhados pelas pessoas grandes, os adultos.

Com a perda da possibilidade de expressar, ela só conseguia balbuciar coisas que não eram audíveis. Ante a minha insistência em querer ouvir o que havia sido dito, ora ela repetia, ora não. E um leve delírio amoroso, referido ainda a um vizinho, começou a repetir-se. Nas tramas desse enredo, sutilmente, fui introduzido com armas e bagagem. Recebia telefonemas no consultório fora de seu horário, os horários das sessões passaram a ser desrespeitados e VERA dava mostras de não realizar o que estava acontecendo.

Por essa época, duas de suas irmãs tiveram filhos, ou seja, vinham carregando uma gravidez há pelo menos nove meses. Havia mais uma mulher grávida na família próxima. Quando essa nova geração nasceu, como está "escrito", houve um deslocamento nas posições familiares. Inevitável. Seu primeiro comentário era de que estava incomodada com a filha da irmã porque ela tinha a nossa cara, isto é, parecia-se comigo e com ela. Mal olhava para a nenê e esta impressão a perturbava. Ela, de fato, olhava a nenê com maus olhos.

O delírio de VERA, obcecada pelo analista, e já com acompanhamento psiquiátrico, construiu então a seguinte passagem: minha filha a teria contactado e mesmo gritado por ela na rua onde mora. Ela escutava, de tempos em tempos, essa filha chamando, pedindo esse encontro. Queria fazer um piquenique para nos aproximar. Significativamente, ela vinha às sessões para poucos minutos, faltava e, quando balbuciava entrecortadamente, contava de novo esse episódio. De madrugada, segundo o relato dos pais a esta altura desesperados, agitava-se, não conseguia dormir, porque precisava sair para encontrar essa filha.

Construí para ela a seguinte interpretação: havia uma filha que queria unir seu pai a uma outra mulher, que não era sua mãe. Ela convidava essa outra mulher às escondidas da mãe. Essa outra mulher teria então uma filha instantânea, de um pai controlado pela filha. Sugeri no fim que, além do lugar da mulher, ela ocupava nessa história o importante lugar de filha, do qual ela se sentia expulsa, com a chegada de tantos bebês.

Levei um não retumbante nas fuças, que indicava a possibilidade de acerto da interpretação. Mas isso não queria dizer nada. VERA recusava a interpretação, assim como recusava qualquer traço de realidade partilhável com mais alguém, ainda que uma realidade delirante. Ela não gostava quando eu perguntava detalhes de, por exemplo, como seria o piquenique.

O apego de VERA ao seu teatro particular para proteger-se da dor do reconhecimento de seu fracasso amoroso e de sua expulsão parcial do lugar de filha (agora havia outras filhas mais aptas a ocupar esse lugar), e entrada na função de tia (não esqueçamos que "ficar para titia" não é exatamente uma expressão lisonjeira), não sem razão, não conseguiu entretanto mantê-la satisfeita dentro de sua historinha. E começou a desesperar familiares e analista. Ela então perdeu parte da liberdade que desfrutava até há pouco pois, ao não falar, ela começou a atuar sem parar, exatamente como fazem as crianças. E, para estas, exercemos uma certa autoridade protetora.

A perda do lugar privilegiado de filha, dessa vez, não foi possível. Nessa impossibilidade sucumbiram a namorada, a amante, a mulher e a futura profissional. Tudo estancou e parece que terá de ser recomeçado, passo a passo. Sobre o escombro de um movimento retumbante nada se ergueu. A psicose parcial[182] na qual sucumbiu não teve ainda o momento de volta que aguardamos ansiosamente. Ele já aconteceu outras vezes em sua vida. Estamos mais próximos da versão não trágica de Ájax do que de sua tradução sofocleana.

---

182. Uso psicose parcial para falar de uma situação funcional: algumas coisas mantinham-se operando no dia-a-dia de VERA, embora ela sofresse os delírios auditivos, nos quais acreditava piamente. Partes da vida funcionavam, ela não estava inteiramente tomada por elaborações psicóticas, embora estas dessem sinais de avanço. Mas, é digno de nota, davam também sinais de recuo, o que caracterizaria uma dinâmica bastante própria e singular de sustentar um estado sintomaticamente interessante para ela (se pensarmos em sua impossibilidade de desocupar uma posição de filha).

E, a meu ver, embora o exemplo de Ájax seja infeliz, ele afinal termina em suicídio (nas duas versões), vemos aqui porque a versão trágica nos interessa mais. Ela permite saída, com todo o mal-estar que lhe é inerente, de uma situação-limite. Após a conscientização o trágico aceita perder sua tragicidade, quando esta foi, por assim dizer, vivida integralmente[183]. É possível sobreviver a ela, reeditá-la e suportá-la, pois não dá para esquecer, pelo menos a partir de uma certa experiência que a análise pode propiciar, a transitoriedade que carrega consigo a tudo e a todos. O trágico não irrompe em todos os momentos; ele é especial, extraordinário, embora nossa própria condição, dia a dia, determine sua irrupção.

. . .

O teatro acontece em um tempo condensado, com tipos puros. "O herói (...) passa por todas as paixões onde o homem comum se atrapalha, com a ressalva de que nele elas são puras e que ele se sustenta inteiramente nelas."[184]

A nitidez daquilo que faz referência ao trágico, que pode ser praticamente gritada em um primeiro momento de análise, embora o analisando não possa ouvi-la em seu desesperar, perde-se com o caminhar de processo analítico. Ela será reencontrada depois, durante a análise, de maneira já bastante silenciosa se comparada a esse momento inicial. A facilitação para dramatizá-la, fazendo com que seja dita, é nosso instrumento imprescindível.

Se a analogia servir, podemos figurar esse primeiro momento com a cena em que Tebas grita e se lamenta das conseqüências da peste que a assola, na introdução da peça de Sófocles. Inconsciente ainda das causas, a cidade recorre a alguém que pode providenciar um diagnóstico e propor uma terapêutica. Algo desestrutura a vida, os lugares não oferecem a mesma proteção, eles aliás não podem ser reconhecidos como amiúde o foram tempos atrás. A grande confusão, que depois se saberá ser o campo propício para a busca etiológica, provém de uma transgressão dos lugares familiares, conforme todos sabemos. Nesta transgressão, Édipo ocupou vários lugares simulta-

---

183. Embora aqui estejamos optando por um trágico mais esquiliano, menos sofocleano: como vimos, Ésquilo aponta para um fim do trágico; Sófocles, especialmente em <u>Antígona</u>, fala de um trágico da contradição insolúvel.

184. Lacan, J. <u>O Seminário – Livro 7. A ética da psicanálise</u>. Trad. Antônio Quinet. Rio: Zahar, 1988, p. 383.

neamente, sem ter processado devidamente a passagem de um a outro. Seu exemplo é extremo, porque ele não poderia processá-los mesmo que quisesse. Tebas espelha uma confusão própria da manutenção insustentável de um tal acúmulo de lugares simbólicos em um só sujeito. É gravíssimo socialmente falando, mas é isto que aspira nosso desejo.

Nossos pacientes e nós não construímos a vida sem tentar essa mesma transgressão e sem que sejamos desagradavelmente convidados a desocupar esses lugares a partir de determinadas idades. Que eles possam permanecer no inconsciente e atuar a partir daí é algo que não escapa à tragédia. Por que os heróis se voltariam para assuntos tão caros e antigos se não houvesse um laço forte a exigir esse retorno? A oscilação entre o papel de cidadão que governa e o de filho de um casamento incestuoso ilustra soberbamente essa permanência de que fala a psicanálise.

Em todo caso, não é possível ser eternamente a criança nem, com exclusividade, ser o pai amantíssimo, o filho devoto, a mulher, a mãe enfim. Todos esses lugares/funções não bastam para aquele que os desempenha, se o seu desejo fizer valer de fato suas impulsões, nem as imposições da vida, do Real, deixarão intocados qualquer desses lugares. É preciso exercê-los todos e deixar que passem, no melhor dos mundos.

A cidade, na pessoa de seu governante, tem de tomar uma decisão e agir. Como ponto de fuga, limite, há de recolocar em ordem aquilo que escapou de uma linha reconhecível da sucessão de gerações, punindo os transgressores. A cidade/analisante terá de reconhecer e combater dentro dela o transgressivo, como ato ou desejo, sob pena de ver sucumbir seu esforço civilizatório. Mas, sobretudo, a cidade/analisante terá de estabelecer lugares que legislem a transgressão, especialmente a transgressão familiar, incestuosa, para não enlouquecer. Os tribunais laicos e as instâncias ideais estão aí para isso.

Há outras espécies de transgressão sem as quais não se estrutura um sujeito. É preciso desobedecer e mentir para escapar à ação fascinante do impulso endogâmico. O que a tragédia afirma, assim como todos os processos analíticos, é que tendemos, mais feroz e afetivamente, a transgredir o que, do ponto de vista cultural, não pode ser transgredido. Quando percebemos barrado esse caminho, aí sim, é hora de estruturar nossa primeira mentira bem contada, eficiente, que permita o rompimento com o familiar endogâmico e, para sempre, incestuoso.

Parece-me evidente que VERA, assim como suas irmãs, das quais as notícias também não são auspiciosas do ponto de vista psíquico, não conseguiu estabelecer um fim para esse amor primeiro, edipiano. Ela conta uma cena infantil em que, em meio a uma gritaria doméstica absolutamente destemperada, que parece um estilo tenebroso de vida em família, se vê trancada em um quarto com um homem que se despe. Quem é e por que com ela são perguntas que nunca conseguiu responder. Há aí o grito, sempre gritam por ela quando a solicitam sexualmente; há também um homem sem cara, que me parece o motivo pelo qual ela evita as sessões, depois de passar arquitetando longamente sua fantasia: não devo ter a cara que tenho, especialmente quando essa cara se traduz na recusa de uma relação amorosa de fato. Ou será que meu rosto pode tornar-se invasivo e alterar ainda mais suas confusões que provêm da inexistência de contornos e limites entre ela e o mundo? O que ficou inconcluso repete a inconclusão *ad infinitum*. Para voltar ao nosso assunto, não é de inconclusões, antes pelo contrário, que se tece a tragédia.[185]

Nesses três exemplos clínicos, e certamente na maioria dos casos, é possível resgatar a afirmação feita no capítulo precedente, de que a origem familiar, embora não seja tudo, é ponto nodal para o reconhecimento de nossa vida psíquica. Por ser a via inaugural de nossa conexão com o Simbólico, aquilo que se liga à problemática familiar intervém decididamente nessa prática lingüística que é a psicanálise. Como nela, principalmente falamos, esse lugar de sustentação da comunicação parece truncado pela história familiar que interage diretamente com todas as posições identificatórias que assumimos. Quando VERA não fala, esconde um segredo de família, roupa suja que veste igualmente suas irmãs. CARLA foge para não ser determinada por esse meio que é para ela conflito, desentendimento e, às vezes, pura aversão. JOÃO ainda não encontrou determinação possível fora da família. Como podemos observar, trata-se de assunto interminável. Apesar de todos os aspectos conflitivos arrolados e que

---

[185]. A inconclusão de um movimento, a partir de uma cena inicial tal como esta, traduz diretamente a idéia de trauma de Freud, reinterpretada por Ferenczi, entre outros. O traumático como inconcluso, tempo que nunca termina, em princípio estaria em uma posição oposta ao trágico, que clama por um fechamento, nem que seja o pior deles. Porém, como passado estancado, amarrado a um tempo imutável, que se repete quase sem diferença, o traumático pode compor um aspecto da trama trágica: Édipo volta a esse tempo que persiste, segundo Clément Rosset. Esse autor dirá que o tempo da cena do parricídio e a consumação do incesto são os verdadeiros tempos trágicos; o resto, a peça mesma, é a busca do trágico, deste acontecido que permanece gerando efeitos, tal como o trauma.

não esgotam a lista, é dali que nasceram (e que nascemos) e é dali que partimos para ser outra coisa que não só a origem.

...

O teatro distancia-se, em sua pureza de caracteres, da confusão da vida exterior à cena. No entanto, nossa vida também é composta de cenas, embora não de maneira exclusiva. Há nela pensamentos, reflexões, processos psíquicos que se desenrolam sem gesto, nem anúncio de seu acontecimento. A cena, enquanto unidade de uma existência, também foi usada de diferentes maneiras pela psicanálise. A cena primária, a cena de sedução, a cena traumática, a cena do sonho e a outra cena revelam uma tradução dos processos da vida psíquica que anseia por dramaticidade. O acontecimento que é sempre cênico marca o sujeito, embora a inscrição dessa marca se dê longe dos olhos.

Quando tudo isto já funciona, de longa data e mal, encontramos nossos pacientes, em parte habituados a um certo manquitolar, em parte temerosos de enfrentar novas cenas que repitam as agruras das primeiras que a memória alcança. Há, no pedido de análise, um manancial de *páthos* suficiente para que a conversa possa mergulhar na "escabrosidade" sem fim do difícil, sem que haja cansaço na reiteração dessas expedições a uma terra tão inóspita. Ao mesmo tempo, o *páthos* embebe as esperanças que nos fazem rir ou chorar pelo seu excesso de promessas, o qual aponta para nossa libertação convicta de uma condição doentia.

Mudar de registro nas qualidades do *páthos*, sem que nenhuma deixe de existir, embora a primeira dessas qualidades perca um certo predomínio característico da geografia sintomática, é atingir o melhor dos mundos ao fim de uma análise. A possibilidade de alternar estes estados indica, ainda que eles se possam de maneira forte e intensa, que o sujeito não é prisioneiro de um só modo de estar, que ele pode reconhecer-se em uma multiplicidade de atitudes, condizentes com a demanda de cada situação. Ele não precisa repetir-se mínima ou infinitamente.

O importante é ressaltar a manutenção mais bem distribuída de uma intensidade, sem a qual a mais satisfatória das vidas não se sustentaria. O *páthos* exacerbado, afinal, era o meio de prender a escuta do espectador, ele mesmo bom cidadão colocado no redemoinho da história daquela forma de coletivizar que era a *pólis* democrática. Mas ele teria de sair andando do anfiteatro, embora a suspeita de Platão fosse exatamente esta: não haveria mais cidadão após o espetáculo; ele não mais sustentaria seus passos, muito menos um discurso racional.

Nem todos os momentos de uma análise são trágicos. Isto, evidentemente, ninguém agüentaria. Nem é assim na história humana, como já dissemos. O espetáculo é um dos momentos da vida na *pólis*. Isso não quer dizer que o trágico deixe de operar e o universo da dinâmica identificatória o indica ao transpirar tragicidade; esta, contudo, não se reduz às situações de dor paroxística.

E, por se tratar do debate de uma condição pior, sabemos que a partilha oferecida não é favorável à simplificação de muita coisa. A idéia da decisão que urge ser tomada em virtude do montante de sofrimento em questão, decisão que, a princípio, poderia ser somente aquela de iniciar uma análise, vê-se estendida em uma multiplicidade não-totalizável de aspectos.

Pelas sendas desse percurso identificatório, assim como de seus choques com o desejo, pensamos prosseguir nossa reflexão. Antes, porém, percorreremos sumariamente as idéias de Nietzsche sobre a tragédia que, por seu viés romântico, traduzem soberbamente aquilo que gostaríamos de expressar quando falamos de *páthos*.

Capítulo III:
Uma Aproximação
ao *Páthos* Trágico

1. Introdução.

"Trágico é para Platão a encarnação, a separação do em cima e do embaixo, o quase abandono deste mundo, ambíguo, mortal, penumbra que cega, difícil de salvar. Trágico será para Nietzsche a inseparabilidade do alto e do baixo, do verdadeiro e do falso, do bem e do mal, pois Nietzsche *aceita* esta dicotomia para melhor recusá-la enquanto antinomia."[186]

Iniciamos este capítulo com um contraponto direto à interpretação que os pensadores gregos realizaram da tragédia. Introduzir Nietzsche, ainda que de maneira sumaríssima, neste estudo, é uma tentativa de recuperar a transformação radical da idéia de trágico na mão desse pensador alemão, que se opõe frontalmente à proposição aristotélica. Estamos, dessa maneira, efetuando um recorte na história do conceito, saltando sobre séculos de sua complicada elaboração. Como justificativa, vale assinalar que as interpretações aristotélica e nietzscheana chegaram muito vivas ao debate contemporâneo, ainda

---

186. Haar, M. Nietzsche et la métaphysique. Paris: Gallimard, 1993, p. 222.

causam as maiores celeumas, e, para aquilo que nos importa, são aquelas que se contrapõem de maneira a permitir uma metáfora[187] do processo analítico, senão dele como um todo, de uma vertente fundamental de sua constituição.

Em Aristóteles, assistimos a elaboração de uma teoria da tragédia grega que regra sua manifestação construindo para ela um cânon. A intenção de sua estética é normativa: ela visa a constituir um modelo intelectual, racional, sobre o qual a análise da tragédia pudesse apoiar-se, sem cometer erros de julgamento. Ela pode até servir de guia para novos tragediógrafos. No cerne dessas considerações está a idéia de que a ultrapassagem de uma medida é o motivo pelo qual o mecanismo trágico começa a operar. Ele visa reparar, punindo, a *hybris* cometida, o excesso que não considerou os limites de uma razoabilidade; esse excesso tem de ser banido. A medida é fundamental tendo em vista a preocupação política que contextua essa estética. Nenhuma instituição coletiva agüenta conviver com excessos.

Ora, com Nietzsche, entramos no campo oposto a este, aquele de uma exaltação do excesso. O excessivo, o que transborda a medida, será a tônica dessa nova estética. "De chofre, o excesso dionisíaco, com sua dissolução ekstática (sic) do sujeito e do mundo social, a dissolução de toda base ou fundamento, a abertura dilacerante em direção ao abismo, 'abertura, diz Fink, à sombria face noturna da vida' – pertence fenomenologicamente e de modo totalmente 'clássico' (kantiano-schelligienno) à categoria do sublime (...)."[188]

Estamos em um outro registro estético e, portanto, diante de outra construção interpretativa do trágico. O trágico aqui pertence a uma categoria que não é somente a do belo; ele participa de um impulso que se aproxima o máximo possível de um estado de embriaguez. A pertinência ao sublime define, segundo Haar, um estado fundamental da esfera trágica de Nietzsche. Sublime em um dos sentidos definidos por Kant: "um sentimento de expansão da vida, (...) um prazer (...) produzido pelo sentimento de uma parada das forças vitais durante um breve instante imediatamente seguido por um *derramamento* dessas mesmas forças ainda mais forte."[189] O sublime em Nietzsche guarda ainda uma diferença com aquele cuja tradição começa em Aristóteles: sobre ele não pesará nenhuma co-

---

187. Ainda neste capítulo, farei a discussão da idéia de metáfora que uso neste trabalho.
188. Haar. Op. cit., pp. 244 e 245.
189. Idem, p. 224.

notação moral; ele é um jogo com o infinito, naquilo que isto pressupõe de sensação, afetos extremados, percepção e esquecimento de uma condição. Haveria no sublime e no trágico uma espécie de desmaio do ser, em direção àquilo que veremos como um magma inicial, o Uno, que nos dissolve em sua infinitude, arrebatando-nos finalmente de nossa individuação, sempre traidora em algum grau desse pertencimento originário.

A interpretação de Nietzsche fará referência direta à experiência do espectador da tragédia, mas considerando "reativos e deprimentes" os sentimentos de terror e piedade, os grandes pilares sentimentais teorizados por Aristóteles. Para ele, o mal representado na tragédia deve ser aceito em uma "exaltação, em um paroxismo de prazer, e, sobretudo, em uma aprovação ilimitada da existência".[190]

Há uma alegria trágica nessa aceitação, sentimento que deve ser referido à experiência do sublime e ao "espírito da música (...) *ritmo pré-objetivo* que 'inspira' toda produção de formas".[191] A este sem-fundo musical ainda retornaremos; ele é a base fundamental que suporta toda essa construção interpretativa do trágico. Sem esta alegria, também ela excessiva, transbordante de força não se entende o dionisismo: "(...) aquele fenômeno maravilhoso que leva o nome de Dioniso; este é explicável somente como excesso de força".[192]

Assim, Nietzsche, em um de seus últimos escritos, descreve o elemento fundamental e fundante de sua interpretação do universo grego, aqui também chamado por ele de "instinto helênico". Dioniso encarna aquilo que é "um exuberante sentimento de vida e de força, dentro do qual mesmo a dor trabalha como estimulante", o que deu ao filósofo/psicólogo (tal como ele se designa, atribuindo ao filosofar todo o mérito de uma decadência que arruinou a Grécia após a tragédia) a chave para compreender o "sentimento do trágico". A imagem de uma força e a potência de um excesso resultaram na formulação da psicologia do orgiasmo, aquela que preserva os mistérios da sexualidade e a sagra como "verdadeiro sentido profundo de toda a religiosidade antiga".[193]

---
190. Idem , p. 227.

191. Idem, p. 230.

192. Nietzsche, F. Lo que debo a los antiguos. In <u>Obras Completas</u>. Trad. Eduardo Ovejero y Maury. Buenos Aires: M. Aguilar, 1949. V. X, p. 289.

193. Idem, p. 291.

Uma passagem deste pequeno texto, que tem o tom e o título de um testamento, reconhece o grau em que esse excesso pulsante tinha de ser atuado: "as cidades despedaçavam-se entre si, para que os cidadãos de cada uma delas encontrassem a paz consigo mesmos".[194] Era preciso, segundo o psicólogo, destruir fora para conseguir viver dentro. Claro, isto era e não era uma metáfora. A motivação política ou qualquer outra razão de estratégia seriam formas de manifestação disto que é um excesso sempre à beira da incontinência. Defrontar-se com o excesso é inescapável.

O trágico "não é sinônimo de resignação, de pessimismo, de abatimento ou de esmagamento do homem pela fatalidade; ele constitui um sintoma de força, isto é, de 'excesso de força' (...), um fenômeno de pura afirmação da existência".[195]

Clément Rosset diferencia o pessimismo do pensamento verdadeiramente trágico. Enquanto o primeiro ainda se orienta pela possibilidade de interpretação do dado, o segundo não concebe sequer sua existência, uma vez que tudo se subordina à lógica do acaso. Ele escreve: "O 'pior' do qual fala a lógica pessimista não tem relações com o 'pior' da lógica trágica: o primeiro designa um dado de fato, o segundo a impossibilidade prévia de todo dado (enquanto natureza constituída). (...)

Não é o humor, mas o objeto da interrogação que separa pensadores trágicos e pessimistas. O pessimismo é a grande *filosofia do dado*. Mais precisamente: a filosofia do dado enquanto *já ordenado* – ou seja a *filosofia do absurdo*. (...)

Afirmação do acaso, o pensamento trágico é não somente sem relações com a filosofia do absurdo, como ainda é incapaz de reconhecer o menor não-sentido: o acaso sendo, por definição, *aquilo a que nada pode desobedecer*.

Pensamento trágico e pessimismo diferem pois por seu conteúdo (antes: pelo fato de que o pessimismo se dá um conteúdo, diferentemente do pensamento trágico)".[196]

---

194. Idem, p. 289.
195. Haar. Op. cit., p. 223.
196. Rosset, C. Lógica do pior. Rio: Espaco e Tempo, 1989, pp. 20, 21 e 23, respectivamente.

2. O universo trágico de Nietzsche.

Uma idéia que permeia a construção de O Nascimento da Tragédia[197] é a de que parte constituinte do humano foi reprimida e depois esquecida pelo desenvolvimento filosófico-científico ocidental, que tem início com o advento do socratismo na Grécia. Esse mesmo socratismo é o responsável pela morte do gênero trágico, dado o papel que atribui à argüição sem fim e a solução "feliz" do drama teatral.

As profundezas que foram consideradas e afrontadas pelos gregos na incomparável criação que foi a tragédia ática eram o lugar mais próximo de um Uno primordial (depois uma forma da Vontade de Potência), substrato de toda a vida, lugar de indiferenciação, força primeva. Lugar que dá origem à série mítica que nada mais é que a possibilidade humana de antepor, entre a sua existência e o Uno, o intervalo da narrativa e do olhar. A narrativa épico-homérica e a tragédia são manifestações que situam em um âmbito mítico, de ligação com o Uno, todas as perplexidades humanas diante dos enigmas da existência.

Tudo aí é da ordem do incomensurável, do desmedido, do sem limite. Os seres que aí habitam, não o Uno, mas o que lhe é imediato e guarda, portanto, sua força magnânima, têm a dimensão dos deuses olímpicos, dos titãs, dos heróis trágicos, estes últimos semideuses, que ousaram afrontar os deuses com sua potência mortal e pagaram por isso. Esse universo, fruto da poesia épica e da dramaturgia trágica grega, era espelho, segundo Nietzsche, de uma alma cultural: "De que outra maneira poderia aquele povo tão suscetível ao sensitivo, tão impetuoso no desejo, tão singularmente apto ao sofrimento, suportar a existência, se esta, banhada de uma glória mais alta, não lhe fosse mostrada em suas divindades?"[198]

A suposição dessa idoneidade soberba rendeu belas páginas do mais puro entusiasmo. Um entusiasmo que não teme o sofrimento. A consagração do saber sobre o sofrimento realizada pela tragédia abre para nós a sensação até certo ponto prazerosa[199] da dor, não masoquista, que é a dor do ato de conhecimento. Esta é uma das dores fundamentais de Édipo-Rei. Há um prazer pelo contato com a

---

197. Nietzsche, F. O Nascimento da Tragédia. Trad. Jacó Guinsburg. São Paulo: Companhia das Letras, 1992.

198. Idem, p. 37.

199. Talvez pelo contraste que propicia com os demais momentos da vida.

dimensão de produção do mundo, posta em nossa frente pelas artes da palavra e da música.

"A tragédia absorve em seu íntimo o mais alto orgiasmo musical, de modo que é ela que, tanto entre os gregos quanto entre nós, leva a música à sua perfeição; mas logo a seguir, coloca a seu lado o mito trágico e o herói trágico, o qual então, como um poderoso Titã, toma sobre o dorso o mundo dionisíaco inteiro e nos alivia dele: enquanto, de outra parte, graças a esse mesmo mito trágico, sabe libertar-nos, na pessoa do herói trágico, da ávida impulsão para esta existência e, com mão admoestadora, nos lembra de um outro ser e de um outro prazer superior, para o qual o herói combatente, cheio de premonições, se prepara com sua derrota e não com suas vitórias".[200]

Não havia, como não há, eternização possível para o que quer que seja, ainda mais quando o sucesso sempre se compromete com um erro. Se fracassadas de saída, essas tarefas eram, ainda assim, incorporadas à gama extrema das vicissitudes humanas. A morte do herói ou mesmo sua queda é reveladora de seu triunfo; a causa de cada um deles triunfa com o aniquilamento de seu "porta-voz". Há uma simultaneidade na mistura que não permite a distensão de quem leva em consideração a dimensão trágica da vida; seria preciso estar sempre pronto para o acaso, o que é uma proposição absurda, mas que faz sentido na aceitação total de uma condição que não escamoteia essa falta de sentido, ou a existência de um sentido que só acontece como revelação instantânea da fatalidade que nunca se anuncia.

"(...) somente a maravilhosa mistura e duplicidade dos afetos do entusiasta dionisíaco[201] lembra – como um remédio lembra remédios letais – aquele fenômeno, segundo o qual os sofrimentos despertam o prazer e o júbilo arranca do coração sonidos dolorosos. Da mais elevada alegria soa o grito de horror ou o lamento anelante por uma perda irreparável."[202]

A voltagem que transpira dessa sentença daria notícia de uma existência plena no campo dos afetos. Não é outro o desejo grego que se deduz dessas páginas de Nietzsche. Segundo ele, os impulsos estéticos, também definidos como instintos, são torrentes que brotam da Natureza e conformam a atividade artística do homem, única

---

200. Nietzsche. Op. cit., pp. 124 e 125.

201. É assim que Nietzsche chama os primeiros participantes do coro ritual em homenagem a Dioniso, de onde, segundo ele, se formou o espetáculo trágico.

202. Nietzsche. Op. cit., p. 34.

atividade capaz de dar conta dessa aspiração de contato com o que é primordial.

3. O apolíneo e o dionisíaco.

Os impulsos estéticos sendo dois, apolíneo e dionisíaco, determinam a via régia, para não dizer exclusiva, de acesso, mediado, àquilo que é o profundo de nossa humanidade, e que está historicamente mascarado por uma aparência sufocante e excessiva. Nem sempre as aparências funcionaram assim: o apolíneo, cuja definição pressupõe a forma aparente, deu passagem à expressão do dionisíaco que lhe era subjacente e que animava, por sua vez, a vitalidade daquilo que era visível. Houve um tempo em que isso se deu, e a forma da tragédia ática testemunha essa ocorrência. Essa felicidade estética perde-se e o dionisíaco sofre uma espécie de desterro, concomitante ao esvaziamento de toda forma por uma discussão infinita de sua conexão com as possibilidades da consciência, predominantes no socratismo.

Este é um ponto de extrema importância para que a discussão que segue não tome partido, seja pela repressão, seja pela liberação daquilo que é o conteúdo atribuído ao dionisíaco. Além de já termos assistido atritos ferozes que se pautavam por esse paradigma em época recente[203], isto faria perder o que essa interpretação da tragédia traria de mais contundente para metaforizar o que é o sentimento trágico que comporta uma análise. A vitalidade da forma apolínea, quando a ela subjaz o dionisíaco, é capaz de rendimentos que a arte não atingia antes. Como escreve Machado[204]:

"A característica da nova estratégia artística é integrar, e não mais reprimir, o elemento dionisíaco transformando o próprio sentimento de desgosto causado pelo horror e pelo absurdo da existência em representação capaz de tornar a vida possível. (...) Se desta vez Apolo salva o mundo helênico atraindo a verdade dionisíaca para o mundo da bela aparência é porque transforma um fenômeno natural em fenômeno estético."

A transformação em fenômeno estético já diz tudo. Nietzsche celebra o dionisíaco do artista trágico, não o do culto orgiástico.

---

203. Cf. Meiches, M. Uma Pulsão espetacular. São Paulo: Escuta, 1997.
204. Machado, R. Nietzsche e a verdade. Rio: Rocco, 1985, p. 27

Estamos irremediavelmente dentro da cultura. Seu olhar sobre a peça de Eurípedes, As Bacantes, conota essa inevitabilidade. Mais importante ainda é a intensificação dos dois estados quando seu encontro acontece: o apolíneo intensificando o olhar, o dionisíaco "o sistema inteiro dos afetos".[205] Nietzsche ainda escreve:

"O servidor de Dionísio deve estar em estado de embriaguez e ao mesmo tempo permanecer postado atrás de si como um observador. Não é na alternância entre lucidez e embriaguez, mas em sua simultaneidade, que se encontra o estado estético dionisíaco."[206]

Com isso a tragédia atinge o sublime, uma quase divinização da forma, à maneira de seus dois deuses inspiradores. Ela passa a ter uma potência que pode medir forças com o natural, tendo em vista que ela sempre será aparência a ser destruída, uma vez satisfeitos nela os impulsos da mesma Natureza. E assim, uma forma determinada cede lugar a outra... Importa atingir este rendimento, creditável somente às verdadeiras obras-primas. Para Nietzsche, "Se o belo tem como base um sonho do ser, o sublime tem por base uma *embriaguez* do ser".[207]

Sonho e embriaguez. O sonho faz, em sua função imagética de figurabilidade, uma exacerbação das produções apolíneas. A embriaguez seria um contraponto dionisíaco. Ela concerne a uma totalidade corpórea. Mas, o sonho não seria apolíneo, se não tivesse por trás de si, latentemente, um substrato informe, dionisíaco. "O apolíneo foi construído a partir 'de um subsolo dionisíaco' que era a natureza espontânea dos Gregos. Assim o último Nietzsche reencontra Hölderlin para quem o Próprio dos Gregos foi primeiro o êxtase pânico."[208] A alta valorização dos dois estados circunscreve por um lado a visão, e, de outro, o corpo por inteiro, como a dividir aquilo que será atingido pelas linguagens artísticas: a arte figural apolínea e a música, a grande e única linguagem dionisíaca. Elas passam a operar combinando sublimidades.[209]

A música emociona a corporeidade. Este é o registro do sublime, uma emoção que nasce estética, em um sentido quase cinestésico (a

---

205. Idem, p. 29.
206. Apud. Machado. Op. cit. p. 29.
207. Idem, p. 29.
208. Haar. Op. cit., p. 238.
209. Cf. Haar. P. 242 e ss.

anulação do olhar está incluída) e pode, por isso, ser causa de interesse, fascínio e transformação. Uma embriaguez de ser.

"(...) a arte trágica é um jogo com a embriaguez, uma representação da embriaguez que tem por objetivo aliviar a embriaguez; (...) não propriamente a embriaguez ou orgia, mas a idealização da embriaguez ou da orgia."[210]

A idealização é constatável no texto de Eurípedes. Um pastor relata a Penteu e aos demais tebanos, na presença de Dioniso, travestido de Estrangeiro, o que viu na montanha[211]: como estavam, quem eram e como agiam as bacantes comandadas por Ágave, mãe de Penteu. É uma descrição literária que conta o extraordinário; a peça não o encena. A narrativa serve de meio para todas as exacerbações possíveis, mas ela é, aqui, um dos planos de representação, dentro do qual é possível controlar o excesso, mesmo depois de alcançar com ele rendimentos inimagináveis. É um recurso que facilita a idealização por um lado, mas que aposta na arte literária todo o cacife para emocionar a assistência. Falaremos mais a respeito da cena "narrativa" presente na tragédia e de sua utilização para realizar o desfecho trágico, sem no entanto encená-lo.

Os dois impulsos estéticos travam uma relação difícil de complementaridade, de infinita duração. "Os dois 'princípios' são indissoluvelmente 'fisiológicos' (sonho e embriaguez), proto-artísticos (duas variantes do *rythmos*, a forma estabilizada e a forma móvel, instável) e 'teológicos' (divindade olímpica e divindade mais arcaica)."[212] Eles não poderiam sobrepujar um ao outro sob pena de perder a arquitetura cultural mais desejante e feliz. "O apolíneo não é originário, ele é somente projeção visual do fundo dionisíaco abissal, por causa de um 'desejo originário pela aparência' no Um."[213] Um desejo originário de aparência, uma "*elucidação*" do dionisíaco, sem a qual o contato com ele seria desastroso, aniquilador e não revitalizador da vontade humana.

A obra de Nietzsche dá ao seu leitor, primeiramente, um entusiasmo pela coisa dionisíaca. Até discernirmos que se trata de um dionisismo estético, tomamos uma posição francamente contracultural. Não é esta, todavia, a conclusão da obra e é por essa com-

---

210. Machado. Op. cit., p. 29.
211. Eurípedes. As Bacantes. Trad. David Jardim Júnior. Rio: Ediouro, 1988.
212. Haar. Op. cit., p. 232.
213. Idem, p. 234.

posição ambígua que ela serve de solo fértil para metaforizar o analítico.

Na tragédia, a troca entre os dois deuses torna-se uma "aliança fraterna": Dioniso fala a língua de Apolo, já que a sua é a música e através desta não se fala, e Apolo transforma-se pelo "encanto do sublime dionisíaco".[214]

A necessidade da mediação apolínea para qualquer contato com o dionisíaco é aquela executada por qualquer forma, mas não apenas para garantir uma visibilidade. A idéia central é que o que se expressa nessas aparências, "(...) todo o *desmesurado* da natureza em prazer, dor e conhecimento" não conseguiria sequer ser entrevisto sem elas. E isto por um excesso estrutural daquilo que é o dionisíaco. "O *desmedido* revelava-se como a verdade, a contradição, o deleite nascido das dores, falava por si desde o coração da natureza." [215]

É preciso proteção contra essas imensidões. Ao recobrir o sem-fundo dionisíaco, o apolíneo "dissimula sua ambivalência" constituinte. Uma ambivalência entre a doçura e a crueldade – "desmembramento mítico do deus e, para a subjetividade humana, abissal perda de identidade"[216] –, entre alegria e sofrimento.

A marca daquilo que é originalmente dionisíaco é a de uma invisibilidade, causada pelo excesso mesmo que se impõe aos sentidos, especialmente a visão.[217] Mesmo Édipo reconhece a insuficiência da luz (e da razão) ao impor-se a cegueira. A grande linguagem artística, adequada ao paroxismo de que estamos tratando é a música. Nietzsche, em O Nascimento da Tragédia, alcança sua formulação desse lugar especial da música por meio de Schopenhauer:

"Essa imensa oposição que se abre abismal entre a arte plástica, como arte apolínea, e a música, como arte dionisíaca, se tornou manifesta a apenas um dos grandes pensadores, na medida em que ele, mesmo sem esse guia do simbolismo dos deuses helênicos, reconheceu à música um caráter e uma origem diversos dos de todas as outras artes, porque ela não é, como todas as demais, reflexo do

---

214. Idem, p. 232.
215. Nietzsche. Op. cit., p. 41.
216. Haar. Op. cit., p. 235.
217. "(...) Toda coisa existente pode tornar-se aterradora desde que sua existência esteja, para o observador, tão próxima que se dissimule sob o clarão de sua visibilidade mesma." Rosset. Op. cit., p. 69. O dionisíaco, como vimos no final do primeiro capítulo, é capaz de provocar pânico e terror.

fenômeno, porém reflexo imediato da vontade mesma e, portanto, representa, para *tudo o que é físico no mundo, o metafísico*, e para todo fenômeno, a coisa em si (...)."[218]

A música é responsável pelo advento da sublimidade. Ela oscila entre alegria e sofrimento, o ritmo "infinito" das oscilações da vontade. O pensamento lógico não consegue alcançá-la. Durante a encenação da tragédia, o espectador tem o sofrimento suplantado pela alegria, deixando de se identificar com o herói (em uma diferença incontornável em relação à proposição aristotélica), para identificar-se "com o processo de criação/destruição do próprio artista trágico, e, por trás dele, ele se reúne ao Um originário ao qual este 'momento' faz retornar". Ainda segundo Haar, o espectador percebe que a verdade do espetáculo não está no mito, mas na resolução musical de um fundo, "sem palavras, fora de toda significação redutível ao princípio da razão".[219]

4. O *páthos*.

Uma exigência parece se impor a esse espectador. Como disse Goethe, também citado por Nietzsche[220]:

"Sem um vivo interesse patológico jamais consegui tampouco tratar de uma situação trágica, preferindo por isso evitá-la a ir procurá-la."

O interesse patológico é doentio. Quando nos acomete não podemos passar sem ele. É esta a exigência da tragédia para que possamos usufruir dos resultados que ela pode efetuar para quem a atravessa: a idoneidade para a dor, a possibilidade de transformação radical pois ela fala de um ocaso, fim de uma forma, alegria pela possibilidade de outras. Impossível não mencionar o luto quase onipresente e a paixão, etimologicamente parente do patológico.

O espetáculo trágico propicia, em sua estrutura, essa atenção pouquíssimo flutuante:

"O efeito da tragédia jamais repousava sobre a tensão épica, sobre a estimulante incerteza acerca do que agora e depois iria suceder, mas

---

218. Nietzsche. Op., cit. p. 97.
219. Haar. Op. cit., p. 242.
220. Nietzsche. Op., cit. p. 132.

antes sobre aquelas grandes cenas retórico-líricas em que a paixão e a dialética do protagonista se acaudalavam em largo e poderoso rio. Tudo predispunha para o *páthos* e não para a ação (...)."[221]

Um tempo de adoecimento é criteriosamente construído durante a função: o espectador tem tempo para se desligar do que é o conteúdo da narrativa e penetrar no mundo obscuro em que nada, de fato, acontece. O que tinha de acontecer, já aconteceu.[222] Agora, a hora é para outra coisa: hora de olhar a dor pela lente criteriosa do mito. Não somente a dor, já que uma alegria também alça seu vôo, mas é sobretudo uma hora sentimental.

A tragédia cria, em sua estrutura, a distância que favorece um tipo de apropriação daquilo que veicula. A narração, a cena retórico-lírica, abre espaço, forja um isolamento em relação ao que é mundano, para que seu espectador possa inserir-se na ambiência de um padecer. Algo que lhe interessa soberbamente, mas que só parece acessível porque a distância ficcional permite o sentimento de um jogo. Jogo a ser desfrutado parte por parte.

"A tragédia está sentada em meio a esse transbordamento de vida, sofrimento e prazer; em êxtase sublime, ela escuta um cantar distante e melancólico – é um cantar que fala das Mães do Ser, cujos nomes são: Ilusão, Vontade, Dor."[223]

O dionisíaco impõe uma espécie de conhecimento: o conhecimento trágico, que para ser suportado precisa da arte como proteção e remédio. Ela é o filtro, a medida da dose que cura e não deixa o doente se envenenar. Um doente sempre enfrenta a dor daquilo de que padece. Segundo Nietzsche, o nosso sofrimento advém do nosso processo de individuação. Essa singularização, caminho de vida civilizatório de cada um de nós, afasta-nos dessa origem comum à

---

221. Idem, p. 82. Encontramos em Nicole Loraux algo que reverbera essa posição de Nietzsche:"(...) Nas páginas seguintes, o ouvinte da tragédia levará vantagem sobre o espectador: tudo passa pelas palavras, principalmente a morte. Investigando as modalidades trágicas da morte das mulheres, nada encontrei que seja visto ou que seja primeiro visto. Tudo começou por ser dito, por ser ouvido, por ser imaginado - visão nascida das palavras e presa a elas". Op. cit., p. 7 e 8.

222. Escreve Rosset: "É porque não há, rigorosamente falando, 'ação' trágica (uma ação supõe acontecimentos modificadores em profundidade, que significariam precisamente o fim da tragédia). Em Sófocles (como no *Édipo-Rei*, modelo do gênero), todos os acontecimentos importantes se passam antes que comece a peça: a investigação trágica não é mais desde então senão uma reconstituição, ou melhor, uma repetição do passado". Op. cit., p. 72.

223. Nietzsche. Op. cit., p. 123.

qual não deveríamos deixar de nos sentirmos ligados por um só instante: salvo em modos culturais em que a individuação se erigisse com a soberba pretensão de argüir toda manifestação espontânea e classificá-la segundo um código já estabelecido.

Mas não é verdade que o sofrimento apenas habita o civilizado. A dor também nos é transmitida desde o Uno; ela faria parte da natureza, da mesma maneira que a alegria sublime, e esta é a razão pela qual delas não podemos escapar. A dor, natural, exige que sua força seja constantemente aplacada na consumação de seu impulso em alguma aparência. Mas esta sempre se desfará, porque dá conta apenas em parte da dor e porque é, ela mesma, aparência que deve desaparecer. Dor e alegria estão sempre se suplantando, o que faz com que ambas retornem e exijam (gerem) novas formas, novas aparências.

Temos, assim, uma construção que concebe o mundo a partir de um dinamismo que é, ao mesmo tempo, indiferente a todo movimento sentimental, e propiciador de todos os estados sentimentais que podemos experimentar, levando em conta, evidentemente, apenas os afetos trágicos, e não as nuances que deles podemos derivar. Essa dinâmica junta as sublimidades advindas do apolíneo e do dionisíaco. Propiciadora da alegria e da dor trágica, ela é cíclica, sempiterna, ávida de futuro.

"A alegria trágica é esta felicidade do futuro, experimentada no desabamento do 'ser', tomado no sentido de sua 'forma' eidética ilusoriamente eterna. Aqui, no entanto, se esclarece uma precisão nova, superior e decisiva. Aquilo que é destruído, é a 'aparência *mesmo a mais bela*': o superlativo indica uma ultrapassagem do belo. É uma beleza já sublime que afunda diante dos olhos do espectador sob a rebentação irresistível do *sublime dionisíaco*."[224]

Esse movimento gera escombros, produz ruínas, que embutem um manancial considerável de dor e de *páthos*, além da alegria pela destruição. É sobre essa dor e sofrimento inerentes ao movimento da Vontade que também se debruça o conhecimento trágico. Nesse sentido, o saber trágico é um saber que dá notícia de um lado da existência que é escuro e aterrador, ao mesmo tempo que vital e imprescindível. Ao se incumbir dessa missão, ele atua protetoramente, permitindo ao homem algum contato com esse universo, o que é uma maneira de purgá-lo, sem no entanto deixar de suportá-lo, e, principalmente, sem

---
224. Haar. Op. cit., p. 242.

negar sua existência. Um estado de eterna surpresa com o pior que pode advir, como o definiu Rosset, que torna o pensador trágico "imune" ao envelhecimento de sua capacidade de pensar.

De certa maneira, esse lado da existência permaneceu intacto à sombra das luzes emitidas pela epopéia homérica, manifestação máxima do apolíneo. Para Nietzsche, apesar de seu tamanho e contundência, a epopéia não é uma afirmação integral da vida. Ela atuaria como proteção artístico-religiosa contra um saber que é o da dor, do sofrimento e da morte.[225] Suas "armas" para um tal encobrimento seriam a beleza, a proporção, a ordem e a harmonia.

Todavia, se a epopéia nasce como proteção[226], ela também "percebe" o mesmo abismo que será a fonte do gênero trágico. Senão, para que tantas luzes e exuberância? Apesar de não haver nela nada de ascético, em um sentido moral, seus deuses sendo simultaneamente bons e maus, ela não ousa enunciar aquilo que a sabedoria popular fala, ou seja, que por baixo do grande mundo divino existe este sem-fundo terrorífico, esse sofrimento, que está sendo velado pela narrativa mítica. Nesse sentido, a aparência de triunfo apolíneo do mundo homérico é ilusão, absolutamente coerente com os dotes de Apolo, seu deus inspirador. A beleza, de que faz impregnar as formas que suscita, transfigura o horror que subjaz a elas, e acaba por justificá-la, como o que têm de aparecer para velar, permitindo que a vida possa não se extinguir.[227]

O mito, aliás, é uma necessidade, aquilo que por vias tortas permitirá entreolhar este mundo abissal do Uno, viabilizando a existência. Para Nietzsche, a criação mítica teria de ser sempre reposta (como aparência), durante toda a história humana, pois ela é índice de reconhecimento desse abismo que nos espreita, a partir do dionisíaco, e pelo qual nos sentimos apaixonadamente atraídos. O contato direto, sem mediações com esse indiferenciado, consumiria a vida instantaneamente. A presença do mito é, portanto, simultaneamente, sinal de vitalidade e equilíbrio entre os impulsos (pulsões) constituintes do humano.

---

225. Parte dessas articulações foram extraídas de notas tomadas durante as aulas do Professor Roberto Machado, para o Programa de Estudos Pós-Graduados de Psicologia Clínica da PUC-SP, em abril e junho de 1994.

226. As considerações que seguem têm por base anotações das aulas do Professor Osvaldo Giacóia, para o Programa de Estudos Pós-Graduados de Psicologia Clínica da PUC-SP, em agosto e setembro de 1994.

227. Haar cita Rilke dizendo: "O belo é somente o primeiro grau do terrível". p. 243.

5. O mito.

O mito evidentemente já é uma narrativa. E, por si só, efetua uma mediação. Sua consagração dá-se sob a roupagem do apolíneo, embora na tragédia ele narre o percurso que desemboca no dionisíaco, no desmantelamento da individuação, como pensou Nietzsche, para depois se recompor, juntamente com seu espectador, passado o momento do desfecho trágico. A esse respeito, ele escreve:

"Aqui se infiltram, entre a nossa mais alta excitação musical e aquela música, o mito trágico e o herói trágico, no fundo como símiles dos fatos mais universais, de que só a música pode falar por via direta. Como símile, porém, apenas o mito, se o nosso modo de sentir fosse o de seres puramente dionisíacos, permaneceria ao nosso lado, despercebido e ineficaz, e não nos desviaria por um instante sequer de prestarmos ouvido ao eco das *universalia ante rem* (universais anteriores à coisa). Aqui, no entanto, irrompe a força *apolínea*, dirigida à restauração do indivíduo quase despedaçado, como o bálsamo terapêutico de um delicioso engano. (...) Por mais violenta que seja a compaixão que nos invade, em certo sentido, no entanto, o compadecer-se ante o sofrimento primordial do mundo, como imagem similiforme, nos salva da contemplação imediata da suprema idéia do universo, assim como o pensamento e a palavra nos salvam da efusão irrepresada do querer inconsciente. (...)

Assim, o apolíneo nos arranca da universalidade dionisíaca e nos encanta para os indivíduos: neles encadeia o nosso sentimento de compaixão, através deles satisfaz o nosso senso de beleza sedento de grandes e sublimes formas; faz desfilar ante nós imagens de vida e nos incita a apreender com o pensamento o cerne vital nelas contido."[228]

O trabalho do mito situa o espectador dentro da narrativa e depois o retira dela transformado, ou, ao menos, transtornado. O mito propicia esta entrega àquilo que há de mais universal nas formas. O universal situa-se perto, em uma geografia abstrata, de algo que já não é mais formal de maneira absoluta. O mito permite a passagem, facilita esse jogo.

Será que poderíamos supor esta possibilidade de contato com o mítico temperando a cotidianidade de um povo executor do espetáculo trágico ou mesmo ouvinte da epopéia homérica? Parece certo

---

228. Nietzsche. Op. cit., pp. 126 e 127.

que sim e é com essa intenção que Nietzsche propõe a revitalização do mito, durante sua vida no século XIX.

A presença do mito indica um não-esquecimento mínimo daquilo que nos compõe enquanto antecedência inapelável, tempo correlato à instauração do psíquico. Em segundo lugar, o mito cria o espaço de uma heterogeneidade não-mundana, vital para o reconhecimento da condição humana fora das agruras pequenas do cotidiano. Ele a devolve ao campo de uma essencialização. Os mitos, segundo André Green, incluídos os que se transformaram em temas trágicos, são "menos um exemplo a seguir que uma realidade psíquica que se exorciza".[229] Haveria na narrativa mitológica uma decantação desse essencial humano que é o psiquismo.

"Um povo – como de resto também um homem – vale precisamente tanto quanto é capaz de imprimir em suas vivências o selo do eterno: pois com isso fica como que desmundanizado e mostra sua convicção íntima e inconsciente acerca da relatividade do tempo e do significado verdadeiro, isto é, metafísico, da vida. O contrário disso acontece quando um povo começa a conceber-se de um modo histórico e a demolir à sua volta os baluartes míticos: com o que se liga comumente uma decidida mundanização, uma ruptura com a metafísica inconsciente de sua existência anterior, em todas as conseqüências éticas."[230]

6. A tragédia e a alegria trágica.

A tragédia estabelece o equilíbrio entre as duas divindades; ao mesmo tempo, ela é uma manifestação artística, reflexo de um tempo social. Nela, Apolo ensina a Dioniso a medida, "como se servisse a poção mágica, a bebida trágica, em sonho", na bela imagem de Machado[231]. E o mundo dionisíaco anima a forma apolínea e dota-a do ardor da paixão por aquilo que são os temas capitais da vicissitude humana.

Poderíamos "organizar" uma cronologia: primeiramente, há o mundo sombrio do Hades, em que reinam as trevas e a noite; para

---

229. Green. Op. cit., p. 226.
230. Nietzsche. Op. cit., p. 137.
231. Machado. Op. cit., p. 29.

possibilitar e testemunhar a vida humana "nasce" a epopéia, que cria deuses e a perfeição olímpica, para enfrentar o sofrimento de que está embebido o Uno primordial; a epopéia tem na luz, na visibilidade, uma de suas características elementares.

"A 'ingenuidade' homérica é por si própria uma 'miragem', diz Nietzsche, uma ilusão destinada a mascarar o fundo de monstruosidade e de ambigüidades temíveis, sofrimento e alegria, que avança e trabalha silenciosamente. O idílio, o sonho da transfiguração absoluta da natureza já é, por si só, uma fantasia."[232]

Em seguida à epopéia, a tragédia vem realizar uma espécie de síntese, restaurando o lugar do erro, do excesso, isto é, reconciliando um ideal de perfeição com sua falibilidade, com seu transbordamento, recriando aquilo que é próprio da condição humana. A tragédia, por resgatar ainda que esteticamente o dionisíaco, tem de transitar, em algum momento, na obscuridão, no invisível, naquilo que é o olhar em transe, uma espécie de olhar "de dentro", sem distância entre o sujeito e aquilo que ele contempla.

"(...) A lógica que governa o texto nietzscheano não é aquela, dialética, da *Aufhebung* segundo a qual apolíneo e dionisíaco estariam *subjugados* na obra de arte trágica, levados de volta a uma unidade mais alta, reduzidos a uma síntese, mas 'uma lógica do excesso, excesso de ressonância, excesso de brilho'. O excesso de ambos os lados é exceção, transgressão, passagem do limite, ilimitação em direção ao abissal: duplo *ek-stase* da 'música' e do aparecer, ekstase (sic) do escondido e êxtase do aberto, ekstase (sic) de trevas e êxtase deslumbrante."[233]

É nesses termos que se pode entrever a alegria trágica. Como, mesmo na reunião dos dois impulsos, não encontramos o que aplaque a força magnânima que agita o mundo e o fomenta, que governa também as verdadeiras obras de arte, uma idéia de infinito tem de corroborar qualquer aproximação a essa exuberância.

Mas ela está marcada de saída por um sentimento que, em nossos dias, acompanha mal um afeto que pode ser chamado de alegria. Aliás, a alegria trágica distingue-se de toda outra forma de alegria. "Ela encobre um luto, luto da aparência mesmo a mais bela. Mesmo o luto reencontra a alegria. Mas toda alegria, tão fechada ou reclusa

---

232. Haar. Op. cit., p. 247.
233. Idem, p. 244.

que seja na perfeição de seu esquecimento, queixa-se e carrega em segredo o luto mais pesado de um limite qualquer (...)."[234]

A alegria trágica é consciência aguda de uma condição de efemeridade. Sensível a qualquer movimento de transformação, ela o deseja, ao mesmo tempo que sepulta um estado de coisas no mesmo movimento. Coloca-se então como radiante e triste, com toda a intensidade e partida ao meio, sem no entanto chegar a entrever um desejo de parada, a não ser para um transbordamento ainda maior. "Mais trágico ainda é o momento fúnebre do crepúsculo do nosso mundo que se precipita em direção à noite e onde a História parece hesitar em recomeçar, avança às cegas, suspende-se, pois ela é tão cega quanto Édipo, e animada pela mesma excessiva vontade de saber."[235]

Não há, na esfera trágica, um estado que se imponha sem a tensão condizente com sua superação. A capacidade de pensar não envelhece, mas a disponibilidade de sentir pode beirar o esgotamento, se levarmos a contento o que essas idéias propõem. É que os sentimentos verdadeiramente trágicos prestam-se mais a devolver-nos uma condição quase essencial, propriamente mítica, e menos a prender-nos a uma gama sentimental que a psicologia poderia sem mais esforço sistematizar. A alegria fala diretamente de uma dissolução. A direção que toma é aquela que, a essa altura, já conhecemos: "O próprio da alegria trágica é ser a tonalidade que *aproxima* do original, do Sagrado. A alegria não 'desvela' a origem, não desvelável, irrevelável, mas ela a faz pressentir, em um estremecimento sublime, que toda realidade dada, acessível, praticável, manipulável, avaliável, é *nada* (...) em face do fundo abissal de onde ela surge".[236]

Por meio da alegria recordamos uma condição que nos determina e da qual estamos sempre a esquecer. E o acesso a ela só pode ser percorrido se pudermos nos entregar à escuta da música, essa linguagem que, por intermédio de ritmos, evoca quase sem nenhuma distância a atmosfera do sem-fundo. "A alegria trágica só pode produzir-se porque o espectador é subitamente mergulhado de novo no elemento da musicalidade pré-objetiva, de onde o herói, o mito, como 'substituto analógico sublime' da música, assim como todas as formas plásticas tiram sua respiração vital e seu 'sentido'. É a

---

234. Idem, p. 252.
235. Idem, p. 270.
236. Idem, p. 252.

magia da música como a 'voz mesma do abismo' que transforma o espetáculo do aniquilamento em 'prazer superior'."[237]

7. Uma outra leitura de "As Eumênides".

A interpretação nietzscheana do universo trágico é de fato oposta à concepção aristotélica; ela também vai em uma direção diferente àquela das leituras contemporâneas da tragédia ática que vimos no primeiro capítulo. Todo sentido buscado em Nietzsche pauta-se pela verificação de como conseguir um grau cada vez mais superlativo do sublime, em como ele mesmo pode superar-se, pois o movimento do mundo continua incessantemente a exigir novas formas ainda mais sublimes para aplacar as novas impulsões vindas do abismo pré-formal, substrato dionisíaco da vida.

Há um exemplo dessa diferença de interpretações que nos irá ajudar a ilustrar essas distâncias insuperáveis que começam a desenhar mais nitidamente as linhas pelas quais nossa metaforização do processo analítico poderá ser desenvolvida. O exemplo é o das Eumênides, que vimos com relativa extensão no primeiro capítulo.

Após atravessar o contato com o dionisíaco, ou melhor, entrever o abismo sem-fundo, por meio da musicalidade do mundo e da música que, por exemplo, acompanha o espetáculo trágico (poderíamos dizer que, em um sentido bastante essencial, ela o funda), o homem que emerge dessa experiência precisa de formas ainda mais sublimes para acalmar as "pulsões de criação/destruição", agora totalmente despertas. A nova sublimidade então necessitará dessas outras formas, demandando ao apolíneo um movimento que implicará o surgimento do novo, ou o retorno de algo que desempenha a contento o apaziguamento do impulso. O novo homem ("poeta/cantor/dançarino") que brinca com a embriaguez por meio da arte cura-se dela nesse jogo. Há, portanto, uma transformação neste movimento, que pode ser exemplificada na <u>Oréstia</u>: "A transfiguração em Ésquilo da vingança sangrenta e da raiva assassina das Erínias no tribunal ateniense das Eumênides é um dos exemplos mais claros desta nova sublimidade. 'Em Ésquilo o desgosto desaparece no estremecimento *sublime* experimentado diante da sabedoria da ordem do mundo que o homem,

---
[237]. Idem, pp. 258 e 259.

por causa de sua fraqueza, dificilmente reconhece. (...) Ésquilo encontra o sublime na sublimidade do direito olímpico".[238]

Segundo Haar, a serenidade do Olimpo perde seu caráter primordial de beleza, para mergulhar, ela também, nesse movimento incessante que gera as formas do sublime. O belo – primeiro degrau do terrível (Rilke), mesmo sentimento que o sublime (Schopenhauer), continente do sublime e contido por ele (Schelling) – "é *sublime* enquanto domínio de um diverso informe ou multiforme".[239] A nova forma de julgar só aparece porque houve um impulso que a fez emergir. Ela é resultado de um dinamismo que encontrou equilíbrio temporário, mas é também possibilidade de gozo sublime, que prenuncia sua ultrapassagem rumo a novas formas de expressão do sem-fundo. A idéia de equilíbrio quase se desvirtua nessa interpretação, pois mantém-se participando de algo que não é equilibrado, ou não pode sê-lo, a não ser em momentos pontuais, quando supostamente as formas do mundo descansam. Isto só pode ser efêmero, como tudo mais que vigora em regime de absoluto movimento.

A instituição do tribunal laico é traduzida em uma via religiosa, de ligação com o mítico, outorgando ao novo direito uma qualificação estética (sublime), em tudo diferente de um pensamento racional, ao qual ele, com seu advento, vem servir. Certo, vimos anteriormente que essa instituição não escapa de uma formação religiosa, espelhada no texto esquiliano por meio do compromisso entre deuses novos e antigos. Mas um ponto de vista crítico faria perder a ênfase que almejamos dar a essa interpretação do trágico, absolutamente potente para falar dos afetos humanos quando estão em jogo os temas capitais de nossa condição mortal. Essa leitura da tragédia não se verga a nenhuma "ameaça" de ordem laica e impressiona com sua capacidade de sugestão interpretativa.

Haar continua dizendo que o enigma dos deuses (escrito no direito olímpico), duplicando o da existência dos homens, aparece então como sublime. A partir disso, tudo é recebido de maneira afirmativa, mesmo "o destino terrível do sofrimento imerecido". Se tudo é aceito dessa maneira, estamos em uma situação em que o mal se cura pela sua afirmação. Essa "sabedoria sublime dissolve a infelicidade da existência numa transfiguração *louca*".[240] Apolo, sábio

---

238. Nietzsche apud Haar. Idem, pp. 249 e 250.

239. Idem, p. 243.

240. Idem, p. 250.

por essa imisção no dionisíaco, transforma-se em uma "potência terapêutica, salutar – de *ilusão*." O destino do sofrimento é a sua sublimação; ele cura-se por meio dela sem deixar de existir, sem deixar de ser reconhecido, sem ser negado ou diminuído. O apolíneo torna-se um gênero de embriaguez como o dionisíaco: embriaguez que "não é obnubilação, mas *lucidez e calma extrema*".[241]

Caberia comparar as duas interpretações de As Eumênides? Ou basta estabelecer os parâmetros de uma diferença, por si só comparativa? É preciso frisar, já tendo em vista nosso propósito, que a primeira delas ventila sua preocupação com uma domesticação de tudo o que escapa ao discurso racional, político, republicano, cada vez mais laico, menos sentimental em um sentido corriqueiro. A segunda, ao contrário, situar-se-ia em um registro substantivamente afetivo, descrendo das soluções que ajeitam coisas, pois isso acovarda os homens para realizar as tarefas próprias de uma condição que não é somente histórica, é mais que isso. Ambas nascem do mesmo berço, assim como toda teorização do trágico; disso Ricoeur já nos falou.

8. A contraposição a Aristóteles.

"De fato, a *hybris* é um dos afetos essenciais, senão o principal afeto, que atravessa a filosofia nietzscheana."[242] No início deste capítulo, e durante todo ele, vimos como a exaltação do excesso torna radicalmente diferente essa interpretação do trágico; diferente das interpretações gregas, especialmente a aristotélica. A *hybris*, aquilo que detona o movimento de punição para aquele que a cometeu, é aqui exaltada. Na interpretação de Maria Cristina Franco Ferraz é a mesma *hybris* que levará o filósofo à perdição, ao estilhaçamento de sua saúde mental.

Não há em Nietzsche alguma palavra que detenha ou deseje deter o tamanho de qualquer excesso. Para ele, o elemento apolíneo por si só não produz a catarse, "descarga patológica terapêutica, purgativa dos afetos tristes"[243], nem é ele o responsável pelo "triunfo da ordem moral", tal como postula Hegel; estas seriam duas interpre-

---

241. Idem, p. 265.

242. Ferraz, M.C.F. Nietzsche O Bufão dos Deuses. Rio: Relume Dumará, 1994, p. 127.

243. Haar. Op. cit., p. 248.

tações superficiais, que esquecem a potência dionisíaca que governa todos os fenômenos. Por essa presença, os deuses, "no equilíbrio da obra de arte trágica, deixam de ser ingênuos para se tornarem sublimes".[244] Nietzsche coloca-se contra a concepção aristotélica da *mímesis*, afirmando que "o exercício do terror e da compaixão, através da descarga reiterada desses afetos, ao invés de purgá-los, os reforça, tornando o espectador na verdade mais temeroso e impressionável que antes".[245] Para ele, os poetas não fazem da culpa o motor da tragédia, mas escrevem o que escrevem em uma aceitação ilimitada da vida. Assim, ele também não aposta em uma "recepção da arte que passaria por um mecanismo de identificação psicológica, por uma descarga catártica das emoções".[246]

A argumentação de Ferraz é preciosa para fazer a diferenciação já esboçada nesse texto. Segundo essa autora, Nietzsche opor-se-ia a todas as estéticas que pressupõem uma "continuidade entre natureza e arte". A aceitação da vida não implica essa ingenuidade. A construção do sublime é algo que se faz fortemente ancorado na capacidade humana de linguagem, um efeito que se consegue porque somos humanos. "Nietzsche se deleita, no teatro, com o espetáculo do domínio das paixões pela astuciosa intervenção das convenções, dos códigos, de uma retórica. (...) Quanto mais profundo for um sentimento, mais ele desejará a superfície de uma máscara, a pele de uma convenção que o esconda e, ao mesmo tempo, o revele."[247] Esse desejo de mediação diz da natureza nobre de quem aceita essa distância para melhor experimentar o *páthos*.

Falamos de um dionisismo estético e é para isso que Ferraz aponta: só que ele tem conseqüências outras, que se anunciam no estado de loucura que foi tomando Nietzsche, ao longo de sua obra. "Uma vez colocada, a máscara põe em marcha um processo de identificação com o elemento sacrificial que ela comporta, suscitando e impondo determinado *devir*."[248] Parece que não há escolha para tudo isso. A personagem do herói trágico convoca a adversidade para melhor provar sua natureza nobre, para melhor exercer e sofrer sua crueldade. De posse de seu destino, por alguns momentos, ele enfrenta o abismo

---
244. Idem.
245. Ferraz. Op. cit., p. 121.
246. Idem, p. 122.
247. Idem, pp. 122 e 123.
248. Idem, p. 129.

para perder-se nele em seguida, sem temor. "Quanto mais desafiar a dor e a morte, mais seu gesto de afirmação da vida lhe revelará a nobreza e a vastidão da alma." Esta é a única possibilidade para ele. Morte e dor, temas da vicissitude humana muito ventilados pela tragédia e por outras manifestações estéticas e filosóficas, ganham aqui um relevo especial. A transitoriedade das formas, o tema trágico da efemeridade das coisas, fica como que demonstrado de maneira convincentemente sensorial nos textos de Nietzsche. Ao escrever, ele executa sua visão da tragédia: sempre a descobrir, inventando, novas maneiras de figurar esse reino infinito da possibilidade humana, sem o empecilho da repressão moral. Mas, como escreve Ferraz, a máscara que carregamos determina coisas em nosso devir. "Toda *hybris* se paga bastante caro, tanto para os gregos quanto para Nietzsche."[249] E são essas marcas, que desenham o percurso de uma vida, aquelas que sagrarão o fim que as coisas fatalmente atingem; são elas que atritam nossa história com o Uno, com o originário, aquilo que poderia ter sido mas não foi, ou que poderá vir a ser, mas não é, ainda. A atitude trágica seria não perder de vista esses dois movimentos temporais, sem no entanto acreditar, de maneira ingênua, em toda e qualquer possibilidade de futuro.

Portar marcas, como Édipo, Antígona, Orestes, é também enfrentar a verdade de uma condição, não temendo o caminho que elas abrem para um devir. Esta é uma atitude nobre, nietzscheanamente falando. Mesmo que a morte se faça anunciar de imediato.

Ora, isso guarda pouco de uma preocupação política mais global, mais interessada na fundação de uma coletividade, mais normatizadora. A norma do excesso é quase uma antinorma, tem sabor anárquico, mas é ao mesmo tempo militar. Ela também tem seu código rígido. Em todo caso, é flagrante a diferença entre Aristóteles e Nietzsche, no tocante aos pontos que abordamos, quando se pensa na domesticação que um pretende e que o outro quer ver banida. Apenas com o seguinte reparo: vimos que Nietzsche estabelece o verdadeiro prazer na superação que uma arte retórica pode fazer de um estado em que as pulsões/paixões se agitam; a máscara também é uma espécie de "cabresto" para aquilo que não tem forma alguma. O momento seguinte, no entanto, apesar de sugerir uma vitória do exército da linguagem, não é o de uma diminuição da energia que está em circulação; ele é, sim, o momento de incremento do *páthos*

---

[249]. Idem, p. 130.

que a linguagem, com suas reentrâncias e seus lugares recônditos, acrescenta à produção superlativa do sublime.

9. Freud e Nietzsche. O trágico metaforizando o analítico.

Freud e Nietzsche, segundo Assoun[250], em seu belo livro na qual compara conceituações estabelecidas nas duas obras, definindo diferenças que nasceram da mesma interrogação sobre o humano, acabaram por valorar cada qual uma vertente dessas duas maneiras de conhecimento: Nietzsche a do conhecimento trágico, isto é, estético, e Freud pretendendo, no estabelecimento da psicanálise, um alcance de ordem científica incontestável. Entre Nietzsche e Freud, há, sem dúvida, "uma diferença de sensibilidade que já traça uma linha divisória (...), aquela que distingue o grito do murmúrio, o ditirambo da elegia, o trágico do chiste".[251]

Porém, se as preferências estilísticas dizem muito de uma diferença, revelam também um solo comum de interesse, no ponto central da atividade clínica de Freud. Ao comentar a citação de uma fala de Zaratustra no *Caso Schreber*, escreve Assoun:

"A poesia filosófica concede então sua linguagem à neurose, que é por si só a expressão ontogenética de mitos filogenéticos.

É com este espírito que Freud se dirige à linguagem de Nietzsche e a considera preciosa: ela expressa em toda a sua profundidade a dimensão cósmica da vivência ontogenética. (...) uma relação privilegiada liga sua expressão poética à linguagem das profundezas – o que leva naturalmente 'a psicologia das profundezas' a ler-se nele."[252]

Thomas Mann, em 1936, em conferência na Sociedade Psicanalítica de Viena, fala da afinidade extrema das duas teorias do humano[253].

Aproximar o universo de Nietzsche das idéias freudianas a respeito da estruturação do psíquico sugere percorrer, entre outras, a

---

250. Assoun, P.-L. Freud e Nietzsche – Semelhanças e Dessemelhanças. São Paulo: Brasiliense, 1991.
251. Idem, p. 49.
252. Idem, pp. 75 e 76.
253. Mann, T. A posição de Freud na moderna história das idéias. In Ensaios. Trad. Natan Robert Zins. São Paulo: Perspectiva, 1988. Episódio citado por Elizabeth Roudinesco em Jacques Lacan. Paris: Fayard, 1993, p. 198.

questão do mito, que desempenha papel importante nas duas obras; sugere também pensar a idéia de força, que vimos ser motor do excesso almejado por Nietzsche, potência que faz rivalizar ordens múltiplas e diversas, colocando-as em conflito, em movimento. Em Freud, a força leva o impulso adiante, é o cerne motriz da pulsão. Ela também é a medida do afeto, esse conceito energético que define um dos pilares da cura analítica, que em seguida veremos metaforizado pela concepção trágica de Nietzsche.

Freud fala, reiteradamente, em um "objeto profundamente perdido", que supostamente existiu para qualquer um e, com a separação efetuada pelo temor à castração, teve de ser abandonado. Um sem-número de imaginarizações a seu respeito já foram cometidas. Objeto verdadeiro de amor, objeto capaz de propiciar completude, objeto que buscamos incessantemente por causa dessa suposta eficácia, etc, etc. Até o reconhecimento de sua inexistência, como pode parecer óbvio, já foi magistralmente constatado; ele existiria ficcionalmente para cumprir uma função, a de ajudar a explicar nossa busca desejante, ao longo de toda uma vida. Sem ele, estados sentimentais, como os da paixão, ficariam "órfãos" de uma conceituação psicanalítica.

É simultaneamente simples e nada simples acreditar em uma tal ficção, arriscando chamá-la, por ora, dessa maneira literária. Mas trata-se, antes de mais nada, de um ato de crença. Como se um mito, um objeto mítico se inscrevesse no pilar de uma teoria que passa a contar com ele para operar conceitualmente.

Longe de nos interessar discutir sua validade, ao contrário, parece-nos da maior potência sentimental contar com uma tal estranheza a fundar um campo que também se apresenta como estranho ao universo cultural que lhe é contemporâneo. A psicanálise deveria sempre, devido ao que ambiciona, situar-se estranhamente!

Um objeto profundamente perdido é primeiramente perdido e, como se não bastasse, ainda profundamente. É imediato a essa convicção um sentimento de luto. É também imediata a possibilidade de uma metaforização da profundeza, visto que é nela que o objeto se situa. O que se multiplica em uma profundeza?

Por tudo que dissemos a respeito da descida que o trágico faz em direção ao profundo, chamado por Nietzsche de o "sem-fundo", a querer dizer um infinito, mas que pode deslizar para o sentido de um inexistente a nos afrontar (jamais um inexistente que, por não existir, podemos não levar em consideração[254]), a metáfora desenhada pela tragédia se impõe com força redobrada. Caberia averiguar essa força, sem esquecer que estamos formulando uma metaforização, jamais uma verificação científica da realidade: "As metáforas têm de ser medidas pelo seu efeito, sua originalidade, sua concepção pragmática da linguagem, seu valor de choque ao propor uma nova forma de representar a realidade."[255]

O valor de choque de uma representação, seu poder transformador, conota que algo "profundo" moveu-se e, com isso, toda uma estrutura "mais superficial" também se deslocou[256]. Posteriormente, essa mesma capacidade impactante e mutante de uma força (afeto), a partir do mecanismo primário da condensação, foi transformada na idéia de metáfora por Lacan, como sendo aquilo que é capaz de mover a censura, a barra que separa significante e significado e que, em tempos da primeira tópica do aparelho psíquico, situava-se entre o pré-consciente e o inconsciente. A força metafórica não é bruta simplesmente; pode sê-lo, mas é também persuasiva, oportuna, sensível, poética[257] e outras coisas mais.

Porém, pode ocorrer que a força da representação, mesmo sob o atenuante e persuasivo poder da metáfora, tenha um caráter intolerável para a consciência, para o sujeito que a recebe. Isto foi objeto de longas considerações e uma das primeiras inferências para estabelecer a teoria da repressão. Nos primórdios da teoria, Freud falou de uma rede inconsciente de conexões que o reprimido alcançava e que era o caldo de sustentação do sintoma e, portanto, da doença psíquica. Era o começo do desenho de uma tópica do aparelho psíquico.[258] E

---

254. Guy Rosolato propõe o nome de *desconhecido incognoscível* para o inconsciente inatingível que, no entanto, opera. L'inconnu dans l'idéalisation du désir. Études Freudiennes. n.35, maio 1994, p. 5 e ss.

255. Carvalho, B. Para White, história recalcou poesia. Folha de S. Paulo. 11.09.94. pp. 6 e 5.

256. Evidentemente, esse movimento não é tão bem ajeitado. Nas coisas do psiquismo, alguns sinais de transformação demoram a aparecer. Têm seu tempo lógico para isto. E transformações "profundas" podem esbarrar em outros obstáculos, repetições, acontecimentos reais, que interferem em seu percurso, a princípio dialeticamente tão claro. A máxima para isto permanece aquela que Freud ouviu de Charcot: "Ça n'empêche pas d'exister".

257. Cf. Rosenfeld, H.K. Palavra pescando não-palavra: a metáfora na interpretação psicanalítica. São Paulo: Casa do Psicólogo, 1998.

258. Não esqueçamos da imagem terrível da garganta no sonho da injeção de Irma que, para Lacan, é a própria descoberta da psicanálise. Cf. Freud. A Interpretação dos sonhos. Obras completas. Lacan. O Seminário – Livro 2. O eu na teoria de Freus e na técnica da psicanálise. Trad. Marie Christine Laznik Penot. Rio: Zahar, 1985.

as conexões obtidas na "escuridão" inconsciente eram para ser, de fato, temidas. Ele propunha, ainda, como terapêutica, que não se deixasse crescer à sombra o reprimido; isto seria condenar o doente à doença. O reprimido precisava ser ventilado, falado, refeito em suas associações de conteúdo. Precisava ser encarado de frente, trazido à luz. O sonho, que já mencionamos, é outro exemplo do que acontece profundamente. Seu conteúdo de fundo, latente, permanece sob o que é manifesto. E toda a importância psíquica do sonho, aquilo que buscamos na interpretação, emerge de uma profundeza. O sonho, freudianamente, nunca é completamente desvendável; no seu umbigo sempre resta um indecifrável, algo inesgotado pelos sentidos. Poderíamos considerar isto o perdido?

Há outras considerações freudianas que figurariam essa conexão com a profundeza, às quais ele retorna inúmeras vezes ao longo de sua obra. O magmático de Nietzsche teria grandes afinidades com as águas iniciais que foram drenadas pelos diques da cultura (o exemplo do Zuiderzee[259], na Holanda, privilegiado por Freud, que sucede a famosa máxima da segunda tópica: Wo es war, soll ich werden/ Onde Isso era, Eu deve advir), ou com a já mencionada força da pulsão e seu manancial infinito sempre a demandar trabalho psíquico para sua metabolização, ou, ainda, com a pulsão que forja a sua repetição inesgotável e automática, na tradução freudiana da morte. O profundo pode figurar aquilo que sequer passou pelo recalque, mas que exerce seus efeitos diretamente no corpo, ou ainda o próprio inconsciente como algo heterogêneo, fora do alcance de uma ação deliberada. O inacessível que aí se localiza pode ser antigo, infantil. O profundo metaforiza esse modo da psicanálise falar do que excede e faz adoecer. A psicanálise figura amplamente o excesso, embora pense o destino dessa exuberância de maneira diferente. Mais que figurá-lo, ela o leva em alta consideração: sem ele, não se trata ninguém; esquecê-lo é como construir uma visão de mundo pela metade.

A metáfora da profundeza nasce com a psicanálise e vai perdendo parcialmente a sua força conforme a idéia lingüística de um inconsciente de superfície ganha corpo. Mas ela não deixa de agitar um imaginário potentíssimo, que revolve fundos oceânicos de estados sentimentais, que a idéia lingüística "taxonomiza" de produções

---

259. Freud, S. Nuevas conferencias de introducción al psicoanálisis. Obras completas. Buenos Aires. Amorrortu Editores, v. XXII, p. 74.

imaginárias[260]. O profundo tem parentesco com o inamovível, e diretamente com o resistencial da inércia.

Perto do profundamente perdido mora o luto. Diríamos que se o profundamente perdido fosse uma rua (!), no seu início moraria a paixão e, no seu final, o luto. Dois estados que, ao serem vividos, devolvem ao homem a sensação de plenitude, ainda que dolorosa ou efêmera. Estamos falando de uma plenitude sentimental. Há nela um tempo destacável da cronologia, que se vive como que "em separado" de tudo o que é rotineiro, um tempo onde não há o que acontecer, há, no máximo, algo que se possa narrar. E isto apenas e exclusivamente se a narrativa contribuir para o incremento do *páthos* que encharca o momento. Senão, não interessa, é quase inviável prestar atenção ao que não fala "daquilo". Isto evoca Nietzsche, ou não?

Nietzsche falou da inscrição de um mito que estabelece uma genealogia e honra à vida de um povo. A profundeza dessa ligação a uma narrativa pode ser infinitamente figurada.

Pensamos que esses momentos, amplamente vividos em análise, não apenas porque são inevitáveis em qualquer vida, mas pelas disposições mesmas da proposição de uma análise, estão imediatamente referidos ao mito. E que, conjugá-los ao saber que constituímos sobre o existir – uma das grandes lições da travessia de uma análise – significa o fortalecimento de um compromisso que leva em conta mais amplamente as matérias que nos compõem. Isto, porém, não como um exercício intelectual de alta ilustração, mas como figuração que, por meio da força metafórica, nos leva a estados sentimentais plenos, com a certeza de que podemos não adiar – como é o costume de um mal-estar cultural – nossos atos inadiáveis.

O enfrentamento do inadiável, ou melhor, do inexorável, é um ensinamento trágico da maior vitalidade. E também de uma grandeza ética incomparável.

Os filhos do protopai tiveram de assassiná-lo sob a ameaça de não mais existirem, pensa Freud, em sua criação mítica mais famosa e contestada. Pouco importa sua veracidade; ela é veraz para a resignificação teórica da qual faz parte. Não é preciso tanto cuidado com a verdade, quando se quer outro tipo de eficácia.

---

260. Escreve Paul Veyne: "Que quer dizer imaginário? O imaginário é a realidade dos outros, da mesma maneira que, segundo uma frase de Raymond Aron, as ideologias são as idéias do outros. 'Imaginário' não é uma palavra de psicologia ou de antropologia, ao contrário de 'imagem', mas um juízo dogmático sobre certas crenças de outrem". Op. cit., p. 108.

"Objeto de credulidade ingênua, de ceticismo hesitante e de conjecturas arriscadas, o mito tornou-se algo de que passou a falar-se com mil precauções."[261]

É histórico, cientificamente falando, o advento do inquiridor profissional da história. Isto re-situou a produção mítica em um tempo que, se não é exatamente o mesmo do objeto profundamente perdido, tem com ele afinidades quase explícitas.

"Um inquiridor profissional não tem a docilidade dos outros homens perante a informação: confere-a e verifica-a. A distribuição social do saber vê-se assim transformada: doravante, os outros homens terão de se referir de preferência a este profissional, sob pena de não passarem de espíritos incultos. E, como o inquiridor verifica a informação, impõe à realidade a obrigação de coerência; o tempo mítico deixa de poder manter-se secretamente heterogêneo à nossa temporalidade; torna-se simples passado."[262]

Um resgate efetuado pela psicanálise é o da heterogeneidade que tira do exílio em um passado este que é objeto de uma formulação mítica. O objeto perdido acompanha-nos heterogeneamente ao nosso tempo consciente, embora sua origem mítica esteja mormente situada em um passado, e age, quando nosso desejo se desdobra para a ação. Um inexistente que opera!

Seria ele um inexistente, ou algo que existiu e foi perdido? A questão parece diminuir de importância se pensarmos na abertura para a imaginação que as qualidades do mítico podem forjar para a prospecção analítica:

"O tempo mítico não tinha nem tempo nem profundidade nem medida."[263]

O tempo do acontecimento trágico faz parte dessa série de tempos considerados míticos. Segundo Rosset[264], "a visão do mecanismo trágico só nos causa horror porque nós a representamos como uma entidade fora do tempo; à nossa definição de mecanismo é preciso acrescentar aquela da rigidez; é preciso (...) introduzir uma idéia de *imobilidade* na nossa representação móvel do tempo. Há um fenômeno de deterioração do tempo. Temos a impressão de que, no trágico, trata-se de um tempo que difere essencialmente do tempo ordiná-

---
261. Veyne. Op. cit., p. 71.
262. Idem, p. 50.
263. Idem, p. 93.
264. Rosset, C. La Philosophie tragique. Paris: Quadrige/PUF, 1960, pp. 11 e 12.

rio – falamos do tempo trágico como de um tempo *imóvel*. No tempo trágico, há 'espontaneidade' entre dois princípios incompatíveis: o tempo movente, tal como o concebemos, e de outro lado este esquema trágico, absolutamente intemporal, que encontramos aplicado, incorporado ao tempo, de um modo misterioso e incompreensível. Em lugar do tempo 'livre', a livre sucessão de instantes, eis que descobrimos um tempo rígido, necessário: um tempo 'determinado', no sentido mais forte do termo".

O tempo trágico é ainda transtorno do tempo, na medida que parte da constatação do acontecido para investigar sua origem, como em Édipo-Rei. Ele refaz um percurso ao contrário, no que é muito parecido com o tempo psicanalítico do *après-coup*. Sendo um tempo imóvel apodera-se do tempo real, eliminando-o, quando de sua vigência plena.

O acompanhamento que a análise faz da vida de alguém propõe essa experiência heterogênea do tempo. Algo que não se resolve em um tempo prático, que se abre ao associativo e aposta, portanto, naquilo que não é cronológico. A demanda eivada de eficácia encontra uma resposta de tom longínquo e tergiverso, para aquilo que parece estar dito com todas as letras. Suportar e acreditar nessa heterogeneidade quase provocada, mas que só é suportável porque fala a respeito de algo que existe, de maneira grave, é atravessar a experiência de análise de forma cabal.

A heterogeneidade cria a distância que o enredo trágico forjava para as vivências específicas. Sabendo estarmos no heterogêneo, podemos tentar outras possibilidades associativas para aquilo que perdeu, pelo menos momentaneamente, a lógica consciente.

Podemos, à maneira trágica, ver na dor a condição fundamental de qualquer criação e aceitar atravessá-la porque, de onde estamos, o sentido disto é até jubiloso. Trata-se do que Nietzsche chamou de "dor elegíaca de uma perda eterna", a experimentação do irremediável, o clímax que culmina uma busca e que nos prepara para uma transformação.

A metáfora que o trágico executa quase se completa na direção do analítico. O trágico refaz após a "loucura" que provoca: oscilando entre prazer e dor, dor pelo prazer da destruição e prazer pela coragem de medir forças com a dor de existir, ele devolve ao espectador a serenidade.

A matriz do trágico nietzscheano situa-se nessa alternância entre prazer e dor. As figurações necessárias para o desenvolvimento do enredo que levem a isto são, por definição, insuficientes para permanecerem mais longamente. Sua desaparição fala da efemeridade de toda forma para tratar desse conflito essencial. Toda forma, ao acontecer, é desmesura pois pretende uma figuração definitiva da essência; ela acaba inexoravelmente. Saber isto é usufruir da cura advinda da experiência trágica. É, em termos analíticos, ver passar uma paixão, curar-se dela, ou ver um luto resolver-se, terminar. A matriz do enlutar, ou do apaixonamento não deixará de habitar-nos como possibilidade. Felizmente.

"Os gregos são, como dizem os sacerdotes egípcios, eternas crianças, e também na arte trágica são apenas crianças que não sabem que sublime brinquedo nasceu sob suas mãos – e nelas foi destroçado."[265]

"'A tragédia é bela' na medida em que o movimento instintivo que cria o horrível na vida nela se manifesta como instinto artístico, com seu sorriso, como criança que joga."[266]

Transformar o horrível em artístico permite que brinquemos com ele como fariam as crianças. Ou seja, apaixonadamente.

10. A metáfora.

Falamos da metaforização do analítico por meio do trágico em diferentes oportunidades ao longo deste capítulo. A metáfora, etimologicamente, indica que algo será transportado do lugar onde está, mudará de posição, por intermédio de uma construção que altera e, ao mesmo tempo, traduz seu sentido. Este pode ser de sentido inconsciente insuspeitado ou quase evidente. Lacan fez corresponder à idéia de metáfora o mecanismo primário da condensação, aquela que pode juntar partes de coisas, em uma construção admiravelmente enigmática e carregada. Ao deslocamento, outro processo primário, ele estabelece a correspondência com a metonímia.

Na metaforização do analítico que o trágico pode propor talvez só encontremos traduções bastante próximas ao sentido das conceituações que os analistas conhecem como parte cotidiana de seu trabalho clínico. Mas, justamente por provocar uma tradução diferente, com novos significantes, por meio de uma articulação de idéias

---

265. Nietzsche. Op. cit., p. 104.
266. Machado. Op. cit., p. 29.

que provêm de outro campo conceitual, esta movimentação pode arejar o que vai-se sedimentando à maneira de dogma, após tantos anos de repetição. A metáfora, inclusive, estetiza a psicanálise, dotando-a de uma plasticidade própria da energia sexual, que esse saber sempre postulou como sendo básica para todo e qualquer movimento terapêutico, singular ou cultural.

Não parece possível falar do universo analítico atualmente por meio de outro tropo lingüístico. A metáfora pressupõe porosidade na sua construção; ela aposta no poder poético do ato de criação; permite sua ultrapassagem sem levar demais em consideração a velocidade em que isso se dá. Sua idéia está colada àquela de interpretação, cerne da comunicação mais abissal realizada em análise, e seu alcance de significação nunca pretende ser exaustivo. Ela é, por sua constituição, inacabamento, inconclusão, tradução, multiplicidade que impõe, uma seleção eficaz das possibilidades.

Pensar a tragédia é construir uma metáfora para o processo de análise. Talvez apenas mais uma, mas com a condição inicial de ela ser assunto de larga e fecunda citação ao longo deste quase século de existência da psicanálise. Dela derivaram não só nomes de conceitos, como de sua tessitura enquanto arte literária brotaram luzes estruturais para o estabelecimento de uma teoria analítica a respeito do humano e sua experiência histórica.

Há ainda a possibilidade de mais uma outra aproximação. Green escreve: "No plano do significado o modelo das relações de parentesco parece o mais eficaz na empresa da mimese. No plano do significante Aristóteles fará observar que o mais importante é sobressair nas metáforas. Feliz encontro que une relação de parentesco e metáfora. Como se a relação de parentesco fosse metafórica de todas as outras".[267] A metaforização que a tragédia pode fazer da análise tem uma ancoragem específica...

11. A profundeza. O recalque.

A metáfora está presente na idéia de profundeza que fala ao coração do psicanalista. Pensar em profundeza é estabelecer uma estruturação em camadas, imagem utilizada por Freud desde o

---

267. Green. Op. cit., p. 19. É preciso não esquecer o conceito lacaniano de metáfora paterna, que une, justamente, metáfora e parentesco.

começo de seus escritos. O profundo confunde-se com o essencial, em uma projeção imaginária daquilo que seria a morada do autêntico, do genuíno, do originário. A profundéza metaforiza o inconsciente. Evitando o risco grave de essencializar as proposições que a interpretação de Nietzsche do trágico produz, tentaremos, mesmo assim, arriscar construir algumas metáforas de valor essencial. Como esta de uma força que simplesmente há, e que temos de enfrentar, arranjar, dar um jeito, viver, sofrer, sobrepujar, talvez até, temporariamente, negar. Importante é reconhecer o inescapável, enfrentar o que é avassalador, como metáfora daquilo que nos é absolutamente pessoal[268]. E que pode beirar o que não é metafórico!

Freud situou-o em uma geologia mítica, metaforizando-o na figura da rocha, borda do impenetrável, além da qual não devemos avançar. Contando com o limite do recalque, é possível existir; sem ele ou além dele, as formas do excesso passam a se manifestar incessantemente.[269]

"Nada mais trágico, nada mais terrificante para o homem do que aquilo que provém de sua própria profundeza. Nada mais estranho, mais desconhecido: aqui, nesse horror primeiro ante si mesmo, se origina aquilo que Freud descreveu sob o nome de 'recalcamento'. A idéia de que o que está mais próximo é também o que está mais longe, o mais conhecido é o mais desconhecido, o mais familiar o mais estranho, é um tema que alimenta ao mesmo tempo a tragédia grega, o enigma policial e o pensamento psicanalítico."[270]

Clément Rosset ainda afirma que a possibilidade do recalcamento é mais angustiante que o conteúdo representacional recalcado. "O que no homem recalca é a <u>potência familiar por excelência</u>[271], mas também uma potência desconhecida: o 'grande segredo' para aquele em quem ela habita (mesmo se, para outro, em particular o psicanalista, possa parecer segredo de Polichinelo). O mecanismo do recalcamento é, assim, o lugar decisivo onde se reúnem o estranho

---

268. Cf. Gondar. Op. cit.

269. "A responsabilidade fundamental do homem está em incorrer, como nos dirá Lacan, à castração. Aquilo que constitui no homem o sujeito é a castração. (...) (Ela) consiste na submissão à *impossibilidade da opção*." Perelson, S. <u>A Dimensão trágica do desejo</u>. Rio: Revinter, 1994, p. 48.

270. Rosset, C. <u>Lógica do pior</u>. Trad. Fernando J. Fagundes Ribeiro e Ivana Bentes. Rio: Espaço e Tempo, 1989, p. 68.

271. Grifo meu.

e o familiar: noção moderna para designar o mecanismo dos Trágicos gregos, exclusivo de toda força exterior ao homem – tal como a idéia de destino, afirmador de uma força interior e silenciosa, 'capaz', no sentido geométrico, de todos os terrores e de todas as alegrias acessíveis àquele que dela está investido."[272]

Tributária de uma longa tradição na história ocidental, a idéia de uma profundeza "forte" onde habita – e se esconde – o importante teve sua potencialidade intensificada nos primórdios da constituição do saber sobre o inconsciente.

Porém, é de uma perspectiva absolutamente contemporânea que enxergamos essa figuração como metáfora. E, como sucede muito comumente na contemporaneidade, principalmente na atividade artística, em que a multiplicação de figuras metafóricas mais satura que depura qualquer inquietação, descartamos o que padece de "idade". A superficialização, e falamos de fato em um inconsciente de superfície, criado pela ação significante, espreita-nos. É claro que a profundidade mesma se dispõe a um uso ideológico grave, excessivamente imaginário talvez, mas ela não é uma metáfora da qual podemos facilmente prescindir.

A partir da falta inapagável, da entrada em operação do recalque que funda o sujeito psíquico (e desejante), o excesso parece tomar conta de nós: pulsional, fisiológico, representacional, desejante, demandante, tudo se multiplica para obturar o que presentifica o vazio eterno. Aliás, este é o excesso que nos interessa figurar a partir de Nietzsche.

De maneira diferente desse ponto de vista, Alfredo Naffah propõe a desconsideração do conceito de recalque, e de seu correlato, a falta, para pensar não somente a estruturação do sintoma, como também aquilo que entendemos como estruturação psíquica. Para ele, "a idéia do **recalque** está apoiada, filosoficamente falando, em dois preconceitos. O primeiro deles, **idealista**, pressupõe que há uma **representação fechada, conclusiva**, dos acontecimentos, que a consciência não pode modificar a não ser expulsando-a para fora de si; tornada marginal, ela permaneceria **intacta**, como testemunha do evento: desejo ou trauma. Como se o significado dos acontecimentos não fosse algo continuamente construído e reconstruído pela consciência ou como se cada acontecimento não comportasse sempre uma multi-

---

[272] Idem, p. 71. A esse respeito, lembro ao leitor a parte do capítulo I que fala do assunto de família na tragédia. 268. Cf. Gondar. Op. cit.

plicidade de interpretações, uma diversidade de ângulos de visão, intercambiáveis e transmutáveis, mesmo que se trate do que a psicanálise nomeou **realidade interna**".[273]

A segunda forma de preconceito seria o papel capital atribuído à consciência que "designa, sempre, uma espécie de sede onde todos os sentidos buscam acesso e reconhecimento".[274]

Fazemos referência a essa proposta teórica pois ela visa a uma aproximação de Nietzsche ao universo da psicanálise, considerando a criação de uma psicoterapia genealógica. Desse ponto de vista, um enfrentamento de forças, aglutinadas em circuitos que se contrapõem, seria responsável pela modificação dos quadros que se estabelecem a cada momento da vida, permitindo nessa movimentação uma transmutação de todos os valores, inclusive aqueles atribuídos às forças sintomáticas.

Para um psicanalista, primeiramente, ficaria muito difícil qualificar forças, quaisquer que fossem, sem a antecedência do recalque. A conotação diferenciadora entre o que sofreu repressão e o que pode permanecer consciente, entre o esquecido e o passível de recordação, que o recalque inaugura é essencial para uma primeira qualificação se dar. A partir daí as coisas diferenciam-se e entram em conflito. Em segundo lugar, a transformação em psicanálise tem limites: ela pode ser imensa – tópica, dinâmica e economicamente falando – porém sempre tendo em vista o ponto de partida do recalque, que se situa, por assim dizer, no coração do sintoma. É a partir daí que podemos pensar em uma singularidade, que se opõe de maneira veemente a toda padronização, seja ela comportamental, afetiva, ou, enfim, relativa às coisas inexplicáveis do desejo.

O valor da leitura de Naffah parece residir no que estamos frisando: seu olhar direto para a história, considerando-a de frente, sem a tentativa de contemporizá-la por algum subterfúgio, o que seria absolutamente anti-nietzscheano. Mas a idéia metapsicológica de uma qualificação a partir da dicotomia prazer/desprazer, que ganha na operação do recalque os ares afetivos do amor e do ódio, por exemplo, ancora o início da complexificação psíquica em uma corporeidade palpável, sensorial, de interesse superlativo para todos, e acaba por atribuir à estruturação do psiquismo a força que, a olho nu, podemos creditar a ela.

---

273. Naffah, A. A psicoterapia em busca de Dioniso. São Paulo: Escuta/Educ, 1994, p. 46.
274. Idem, p. 47.

Como Naffah coloca muito bem, o conflito na consciência tem sempre a ver com valores morais que estetizam a vida e a normatizam. Porém, freudianamente, eles teriam, além de se contrapor a uma moral, de estar fortemente ancorados em uma experiência de prazer ou de desprazer, para que sua importância ganhasse o relevo de um sintoma, por exemplo.

A respeito do livro de Naffah, Elisa Ulhoa Cintra escreve: "(...) Para pensar o campo das neuroses, acho difícil dispensar a hipótese do recalque, embora considerando-a, enquanto hipótese metapsicológica, uma linha metafórica em pleno ar, que só pode pretender desenhar algo das invisíveis linhas de força que regulam o funcionamento psíquico".[275]

Quanto ao papel da consciência, a mesma autora observa: "Em psicanálise, consciência é o nome de uma função, a de traduzir processos primários em secundários e recalque é o nome de um acontecimento que corresponde ao fracasso dessa função. É preciso compreender o recalque como a alternativa que restou, quando a atividade de ligação não pode dar-se".[276]

"O recalque como esforço de dominar o afeto sinaliza que houve falha na elaboração psíquica."[277]

O recalque, enquanto marca que advém de uma falha, inicia a cronificação de uma existência, mais ou menos como a escrita separa a história de uma pré-história da humanidade. E esta seria uma outra qualificação caríssima ao psicanalista: atrás do recalque, abre-se a possibilidade de um tempo inconsciente, um atemporal que nos acompanha e preserva, *de certa forma intactas*, algumas de nossas experiências, por meio de inscrições mnêmicas. A teoria freudiana cria, por assim dizer, o campo que possibilita a interpretação, pois, se podemos dizer que aquilo que "mora" no recalcado permanece em parte intacto, isto é, próximo da impressão original, é apenas para confirmar que o acesso a isto só se dará aproximativa e interpretativamente. Tanto mais próximos estaremos, quanto mais eloqüente for a eficácia simbólica da interpretação. Portanto, um mundo articulado por uma profusão de inexatidões acompanha o ofício do

---

[275]. Cintra, E.M.U. Escravidão, histeria e recalque: notas a uma obra de Alfredo Naffah. Percurso. Número 14, 1995, p. 82.

[276]. Idem, p. 79.

[277]. Idem, p. 84.

analista. Mesmo parecendo infinito ele não o é; o limite do recalque encarrega-se de desenhar um fim ali onde tudo começa.

Porém, mais do que a divergência teórica quanto à função ou existência do recalque, interessa para este trabalho marcar uma diferença: aquela que seria a introdução do trágico no universo de uma análise. E que passa pela idéia do recalque, por tudo o que ela conota de inexorável, inamovível, de marca indelével da história em nós, de finitude. Ele, como dissemos, funda o campo do excesso. Algumas coisas aí são modificáveis; como interpretação, a história comporta múltiplas versões. Mas jamais todas as possibilidades de devires que advém do invisível, mesmo do inconsciente, são sequer contempladas na idéia, esta sim, trágica, do recalque. O trágico do recalque aponta algo que permanece rigidamente idêntico, conforme postula Rosset, e tem certamente seu lado catastrófico. Ao marcar um limite, delimita também a área de inscrição de uma ação caracterizada pela *hybris*, a fronteira do excesso, que jamais deixa de nos assediar. Em torno dessa questão gastamos boa parte de nossa energia psíquica; uma guerra que começou por uma invasão. Muitos de nós simplesmente não a vencem e é meio por essa hora que procuramos análise. Por menos palatável que essa idéia pareça, a psicanálise trata sim de melhorar a vida das pessoas a partir de uma intervenção psíquica, sem desconsiderar a marca a partir da qual um sujeito pode modificar-se. Essa marca, expressa por Freud na figura da rocha da castração, é, no final de uma análise, algo que se suporta como limitação possibilitadora, estranha articulação, que fala de um posicionamento do sujeito no mundo. Posicionado ele pode agir, sonhando onipotentemente algumas vezes, em uma espécie de enlevo necessário, porém sem se levar a sério em demasia.

Portamos uma marca que de fato nos assola, antes de qualquer coisa. Essa marca além de ser aquilo que nos historia, indica a falha que nos constitui. Assim, ela nos enche de erro e de história, de uma imperfeição inigualável, e é, por causa disto, trágica.

Em todo caso, essas considerações, já estabelecidas em demasia (é preciso concordar com Naffah), não nos levam a perguntar sobre outras possibilidades de plenitude sentimental; estados que não teriam necessariamente essa conexão substantiva com o recalcado ou o infantil reprimido. Será que o que sentimos por ter empreendido a travessia analítica pode conectar-se tão diretamente com tudo o mais que a antecede? Onde ficaria marcada a alteridade dessa experiência?

São perguntas para as quais não temos resposta. Freud mesmo, no final da vida, não as respondeu de maneira muito otimista, evitando demarcar em demasia a diferença entre alguém que fez e alguém que não passou por uma análise[278].

---

278. Cf. Freud, S. Análise terminável e interminável. Obras completas. V. 3, p. 3.339.

Capítulo IV:
Identificação, Identidade e Travessia do Trágico

"Em linguagem temporal, o passado absoluto do destino – como se vê no trágico de *Édipo*, que é inteiramente um trágico da retrospecção, do reconhecimento de si num passado estranho – o passado absoluto do destino se descobre com a incerteza do futuro: chega o servidor, ecoa a notícia funesta, e tudo aquilo que era verdadeiro em si torna-se verdadeiro para Édipo, na *dor da identificação*."[279]

O esforço para metaforizar o analítico a partir do trágico levantou muitos pontos de contato possíveis para realizar seu objetivo. A meu ver, a simples atmosfera que emana das considerações até aqui expostas encontra quase diretamente sua correspondência nas coisas da psicanálise freudiana. É como se falássemos uma língua irmã, capaz de traduzir ou de autorizar certas reflexões que ousamos pensar, não necessariamente porque o ofício de analista provoca-as, mas porque nossas agruras de existência forçam a isto.

Embora o recorte aqui efetuado seja relativamente limitado, se pensarmos em tudo o que foi escrito a respeito desse gênero, ele foi feito tendo um norte que diria muito a respeito de um encontro dico-

---
[279]. Ricoeur. Op. cit., p. 208. Grifo meu.

tômico que a teoria psicanalítica desde sempre teorizou: aquele entre representação e afeto.

A concepção aristotélica, em sua preocupação maior com um cânon e com a questão da medida e da desmesura, acentuaria uma dimensão própria da representação, daquilo que, tendo visibilidade, podemos *de certa maneira* enxergar, compor, lidar e transformar. Há nela regra, limite, além de um esforço superlativo para propor o caminho de construção de uma representação que imite recriando o imediato do mundo dos fenômenos. As coisas em cena são tradução de outras coisas, que podem ser sintactizadas de uma maneira diferente. No seio dessa grande empreitada reguladora, espreita-nos aquilo que se quer regrar mas não se consegue inteiramente.

Já com Nietzsche, perturbadoramente, a figuração do excesso remete-nos aos montantes nunca totalmente avaliáveis dos afetos, daquilo que seria puro sentir, que tenta escapar de palavras e pensamentos. Claro, com as ressalvas já feitas: tudo isso dentro das artes manifestas das cenas retórico-líricas, banhadas nas águas magmáticas da música. O excesso afetivo remeteria o psicanalista ao reino das pulsões, essas divindades habitantes da mitologia psicanalítica do sem-fundo. Na pulsão, vista especialmente do ângulo da segunda tópica do aparelho psíquico, estaria o ingovernável. A ele atribuiríamos as reações mais estapafúrdias, ininteligíveis e constantes que enfrentamos não só na clínica, mas na vida civilizada de maneira geral. O montante energético-pulsional que alimenta o corpo todo, incluído aí o psiquismo, sustenta investimentos (escolhas objetais) e atos cuja característica gritante vem a ser o excessivo.

Nas duas vertentes de interpretação do trágico, na verdade, estariam contemplados os dois lados da moeda, mas com um acento e um interesse decisivamente diferentes. É por meio destas leituras que o trágico pode mais exatamente ancorar uma metaforização da psicanálise, ou melhor, da travessia de uma análise. A análise pode ser pensada a partir dessa dicotomia que se multiplica dentro das interpretações do trágico: não há desmedida sem medida, não há excesso se ele não puder ser, de alguma maneira, dito. Representação e afeto juntam-se naquilo que é o movimento mesmo do psíquico e desdobram suas ações em múltiplas direções, assinalando automaticamente o irrepresentável, o ainda não representado, o afeto mudo que não foi cunhado.

Freud junta essas duas vertentes: para ele, a análise não era via de liberação sem mais do reprimido mas, como propõe (entre outras vezes) em Análise terminável e interminável, rearranjo de repressões em uma ordem de respostas menos carregadas de infantilismos e, portanto, com uma economia de energia que permite a expansão do sujeito para além das esferas sintomáticas. Trata-se de diminuir o predomínio do fator quantitativo, possibilitando respostas com diferentes qualidades para cada situação. A repressão é inevitável pedra angular da estruturação psíquica. A análise também não é contenção do fogo das paixões, mas aposta em uma certa formalização desses ímpetos em direção a um restabelecimento do enfermo, a uma relativa autonomia que a situação passional quase extingue na condenação que faz do sujeito da paixão ao seu objeto. Ao fim e ao cabo, o formal, apolíneo, reprime de certa maneira o dionisíaco que subjaz a ele; mas, como na relação entre o eu e o isso, o primeiro tem de ventilar as demandas do segundo, pois sem isso ele próprio esvazia-se de vitalidade ou é soterrado pela erupção vulcânica de prognósticos catastróficos.

Freud pensaria essas coisas à maneira clássica, tentando um equilíbrio sempre incerto e tenso entre os dois domínios. Nele, o apolíneo e o dionisíaco da interpretação de Nietzsche teriam de estar contemplados[280]: não se trata de grito primal nem de terapia racional. A pura experiência tem de passar por uma forma. A regressão ao informe faz parte de certas estratégias terapêuticas, com a ressalva que ela deve ser acompanhada de mais perto ou de longe, por uma verbalização, uma interpretação, uma intervenção falada pelo analista que assiste (participa) daquilo tudo. É desejável o impulso afetivo pois ele move o inamovível, mas o difícil em tudo isso é detê-lo ou desviá-lo rumo a algo criativo, inédito, não repetitivo. Falar o afeto do ódio ou do amor estarrecedor, só mencioná-lo, parece tocar algumas cordas da alma com vista a aliviá-la. Não é por acaso que a transferência forma um pilar técnico principal: ela convoca o excesso para uma espécie de laboratório de formalização, não necessariamente de contenção. É certo que se pretende transformar o transbordante que faz submergir o sujeito em algo mais domesticado: não que ele deixe de contar com esse manancial, mas que possa manipulá-lo de alguma maneira e não apenas padecê-lo. Esse equilíbrio que vive-se desequilibrando, essa forma arrematada que será fatalmente ultrapassada, que vive no limiar de outra coisa, transpira tragicidade.

---

280. Radmila Zygouris escreve: "Freud sabia que, no que diz respeito ao ato de pensar, o imoralista Nietzsche era melhor que ele!" Pulsões de Vida. Trad. Caterina Koltai. São Paulo: Escuta, 1999, p. 52.

Mais barrocos, Melanie Klein e Lacan, cada um à sua maneira, privilegiam menos o equilíbrio clássico. Com a ênfase na experiência emocional (Klein) ou na função da angústia, na dessubjetivação (Lacan), a contrapartida formal fica não propriamente esquecida, mas não tão evidente até por uma questão de estilo. Lacan propõe o paradigma de Antígona para o analista mirar seu desejo, no que é contestado por vários autores pois, afinal, trata-se de uma personagem que comete quase deliberadamente o suicídio e, pior que isto, esse ato envolve uma derrota na superação da situação incestuosa.[281] Como isso poderia servir de paradigma para o analista? O uso que ele faz desse mito trágico, justamente um exemplo do trágico da contradição insolúvel, interpreta univocamente este nó primeiro, que todos temos de desatar ao longo da análise. Ao mesmo tempo, o paradigma de um desejo puro, de um estado desejante do qual não se cede, indica o tamanho do compromisso ético que Lacan exigia dos praticantes da psicanálise. Não é possível oficiá-la sem levar em consideração essa dimensão trágica que fala de um recôndito tão permanente que provoca tanta dissensão no interior mesmo do sujeito que o porta. De tão pessoal, ele torna-se algo exterior, que vemos com olhos de espanto e custamos a reconhecer como nosso. A análise tem de marcar isso em quem deseja atravessá-la.

"A passagem da monarquia para uma cidade que não seja propriedade 'de um só' implica a rejeição e a simbolização, um *recalcamento não patológico* desse momento fundador incestuoso. A tragédia é o drama dessa passagem."[282]

Falar da possibilidade de um recalcamento não patológico é não esquecer que ele pode ser justa e primeiramente patológico, adoecedor. A idéia está na raiz da concepção de mal-estar de Freud e delineia o estado delicado da estruturação psíquica: ela beira sempiternamente o lugar sem saída da origem, do incesto, da doença, daquilo que ameaça a autonomia relativa do sujeito. É preciso recalcar para

---
281. Cf. Lacan, J. O Seminário – Livro 7. A ética da psicanálise. P. 293 e ss.
Guyomard, P. O Gozo do trágico. Antígona, Lacan e o desejo do analista. Trad. Vera Ribeiro. Rio: Zahar, 1996.
Études Freudiennes. N. 35. L'inconscient, l'inceste et la dimension du tragique en psychanalyse.
É preciso dizer que Lacan mesmo retificou sua posição perante Antígona, quatro anos depois de seu seminário sobre a ética. O desejo puro é próximo demais do desejo perverso para ser paradigma do desejo do analista, conforme escreve Guyomard, na p. 102.

282. Guyomard. Op. cit., p. 48. Grifo meu.

que um sujeito possa advir; ele parte de uma indiferenciação rumo a uma certa diferença. Para tanto, ele precisa renunciar ao "gozo trágico do incesto"[283], abrir mão deste que promete ser um deleite inigualável em nome da própria integridade física e psíquica. As condições originárias falam de imediato de uma escolha que nunca deixa de ser trágica. Existe aqui uma aposta: ou se renuncia a isto e um tempo histórico pode começar ou, na permanência de um estado inicial, ágrafo, o ponto final de um destino coincide com seu começo.

A tensão inerente a uma situação assim configurada não cessa com a escolha. A renúncia, tal como a psicanálise a vê, sempre deixa restos, arrependimentos, desejo de retomar o renunciado. A simbolização, que se inicia com a renúncia, indica, sempre, a ausência do objeto. Guyomard, em uma entre tantas outras passagens brilhantes de seu livro, exemplifica a simbolização por meio da impossibilidade de Antígona ser contemporânea dos ritos fúnebres do irmão; ela não pode, por razões de Estado, assisti-los. Isso instaura uma "defasagem temporal permanente. (...) Há uma defasagem fundamental, um deslocamento fundamental exigido pelo tempo da inscrição. A simbolização – a tragédia é a história de uma simbolização – é, por conseguinte, um processo extremamente complexo em que todos são apanhados, em que todos perdem, em que todo mundo está o tempo todo em defasagem, em que ninguém jamais está no tempo verdadeiro em que seria preciso estar. É um tempo fragmentado, sem plenitude possível, um tempo apanhado na intemporalidade do inconsciente, sempre em parte fora do tempo da vida, do tempo da história, em permanente defasagem".[284]

É possível até criticar certos entusiasmos interpretativos aqui. O tempo trágico, vimos com Nietzsche, é pleno: só que com o "defeito" de ser instantâneo. Como disse Rosset, é um tempo de grande fixidez e rigidez. Nele, as coisas praticamente não mudam mais, não acontecem porque já aconteceram: o que é é.

O tempo do desejo, tempo verdadeiro, ou pelo menos indicador da verdade do sujeito que o carrega, nunca pode acontecer em sua plenitude. Ele é alcançado, no máximo, por aproximação. Um tempo fora dele mesmo, que está quase sempre na contramão da história e permanece heterogêneo a ela. O símbolo monumentaliza essa

---

283. Nasio J.D. Lições sobre os 7 conceitos cruciais da psicanálise. Rio de Janeiro, 1989 p. 130.
284. Guyomard. Op. cit., pp. 106 e 107.

espécie de nostalgia de um tempo que deixa saudades sem jamais poder ter sido.

O desejo do incesto nunca deixa de pulsar, ele é paradigmático de qualquer situação desejante; ele é a grande renúncia. "O tempo da história é o do complexo de Édipo e de sua resolução; mas, para o psicanalista, o desejo permanece intrinsecamente marcado pelo incesto."[285]

O psicanalista olha a situação desejante de um jeito específico. A travessia do trágico em análise é fruto dessa concepção que amarra desejo e incesto. Situação tematizada na tragédia grega, grande nó a desatar das paixões humanas, ela põe a funcionar a estranheza em nós: portarmos a instância recalcante, vimos com Rosset, é mais surpreendente e espantoso que o recalcado mesmo.

Em psicanálise, a noção de *identificação* fala de história e de renúncia, uma história que começa em uma grande renúncia. Como escreveu Freud, a identificação substitui uma eleição de objeto.[286] Na impossibilidade de *termos* o objeto desejado, à medida que ele se nega à nossa posse e nos frustra, passamos a querer *sê-lo*, erigindo em nós, conforme o modelo da incorporação oral, uma identificação com ele. Definição básica há muito tempo estabelecida que fala de um princípio de história a partir de uma *situação de dor*. Quando não consigo o que quero, nem assim renuncio simplesmente: ergue-se em mim o monumento que recorda aquela renúncia. Ninguém abre mão de uma satisfação já conseguida ou almejada. Claro, a identificação é a porta para uma estruturação, assim como é possibilidade de múltiplas patologias, compreendida aí a temível melancolia. Ela é, como sabemos, a maneira pela qual o Supereu se forma em cada um de nós, atualizando a série mítica da qual nos tornamos portadores.

"O caráter do eu é uma sedimentação das investiduras de objeto renunciadas, contém a história destas eleições de objeto."[287] O eu, formado de identificações, conta a história dessas eleições que se iniciam nas situações passionais. Estas, por definição, são inevitavelmente trágicas, porque colocam os envolvidos em uma posição propiciatória de queda súbita em um sem-fundo dilacerante. Abrimos

---

285. Guyomard. Op. cit., p. 54.

286. Freud, S. Psicologia das massas e análise do eu. Obras completas. Buenos Aires: Amorrortu Editores, v. XVIII, p. 100.

287. Freud, S. O Eu e o Isso. Obras completas. Buenos Aires: Amorrortu Editores, v. XIX, p. 31.

mão de toda história para sustentar esse impulso infeccioso que faz com que pairemos acima do tempo. A situação transferencial analítica entra nesta série de coisas que começam na paixão. É por isso que Conrad Stein vai dizer que um luto é necessário em análise, nas duas partes envolvidas.

ERNESTO procurou análise em meio a crises conversivas de grande dor e desconforto. De saída, localizou o estopim de seus males – que fez transbordar, segundo imagem dele, algo que vinha-se acumulando –, em uma situação em que o pai o preteriu a um amigo. Estamos falando de pessoas adultas (o que para a psicanálise pode querer dizer muito pouco). Conforme as primeiras sessões foram acontecendo, uma paixão avassaladora instalou-se: ele por mim, seu analista, eu pela surpreendente melhora que ele apresentava a cada sessão. Qualquer intervenção parecia provocar efeitos benéficos assombrosos no seu estado físico e no seu humor. Aos poucos, ele foi livrando-se da medicação, cancelou (de comum acordo com seu médico) um exame bastante invasivo ao qual teria de se submeter e sua análise mudou de assunto.

Quando esta configuração urgente se desfez, os laços passionais foram se aquietando. Bem inteligente, ele estava meio preocupado, meio interessado em saber como pôde deixar-se levar por (e acreditar em) uma situação que era "a mais banal em um consultório de analista". Como se portar de maneira tão infantil, tão desprevenida e que conta de um desvalimento, tão esperançosa de encontrar no outro sua salvação? Essa larga reflexão vasculhou com muito detalhe suas situações pregressas de enamoramento (é casado há muitos anos e tem uma filha), a posição que adotava repetidamente, etc., etc. Um percurso de fato, como ele percebeu, nada extraordinário. Ser devolvido à comunidade dos mortais (a queda do herói trágico) é desagradável mas se faz acompanhar de um sentimento de inexorabilidade de certas coisas da vida; isto constrói uma espécie de religação (o *religare* que é raiz etimológica de religião) à qual nos conformamos com o alívio que nos permite um sorriso de aceitação do excesso que nos habita.

Difícil mesmo, em tudo isso, é a mudança nos afetos. É duro enlutar de uma paixão; muitas imagens construídas com uma perfeição divina esfacelam-se: o objeto de amor do paciente não é igual ao ideal e a capacidade terapêutica do analista também não é tudo aquilo que o amor potencializava. A análise pareceu se arrastar mais pesadamente passados os tempos quentes das grandes batalhas.

Desembocamos na cena trágica que reflete sobre o acontecido, mas na qual as coisas não mais acontecem. O relato feito em cena e a busca do passado remetem a um ausente e conformam outros laços relacionais: mais serenos, sem dúvida, mas também mais inquiridores, que dispõem de mais tempo contemplativo em detrimento do acontecimental.

Renunciando à paixão pelo analista, ERNESTO pode constituir um laço identificatório: era possível refletir sobre essas situações "intemporais", usando uma capacidade que ele emprestava de mim. As eleições de objeto espalharam-se pelo mundo, franqueadas a partir da transferência. Foi possível então descer à história, abandonar um lugar de filho, que ele pensava ainda possuir. Tudo isso envolveu quantidades expressivas de dor, elemento que asfalta a estrada do conhecimento, segundo Ésquilo.

A filiação, de certa maneira, paira acima do cotidiano friccionante da vida: "vou te amar para sempre", "você será sempre um filho para mim"... Discernir mudanças nisso que parece uma promessa de eternidade é tarefa heróica. E elas acontecem de fato em uma redefinição de papéis e funções, mudança de intensidades, conforme as autonomias singulares secretem seus movimentos de separação.

As identificações sucedem-se, superpõem-se, eliminam-se, formando uma espécie de monumento em mutação. Também desidentificamo-nos[288]. O começo disso, porém, tem seu marco zero na grande instauração do supereu. A série de identificações permitirá ao eu "dominar o isso, aprofundar seus vínculos com o isso, à custa de uma grande docilidade".[289] A análise, em sua versão "segunda tópica", tenderia ao domínio progressivo do isso por parte do eu. Como se uma história, forjada pela sucessão de identificações, pudesse dar conta, pelo menos em parte, daquilo que permanece a-histórico em nós. O isso é a sede das paixões, diz Freud. Sede, lugar psíquico que tem outra vigência temporal: sem memória, o que dele se frustra fora dali volta a agitar-se como se nada tivesse acontecido. A inscrição do fracasso é sempre tarefa de um eu, portador de marcas e de memória. As paixões do isso são fadadas ao fracasso. As formas históricas do eu transformam-se de acordo com o esgotamento/satisfação de um impulso em cada uma de suas aparências singulares. A tarefa das identificações é mediadora e instauradora: ao arranjarem

---

288. Segundo expressão de Octave Mannoni que veremos a seguir.

289. Freud, S. O Eu e o Isso. P. 32.

as situações de paixão e dor, sem negá-las, elas permitem uma continuação da vida e da história do sujeito. Há nisso o reconhecimento do desejo e de um conflito que ele instaura, a lenta metabolização dos afetos e sua posterior transmutação.

O mesmo movimento está espelhado na tragédia em estado puro. Apostar nessa pureza será uma das críticas que Guyomard faz a Lacan: para o primeiro, postular o desejo do analista como um desejo puro, segundo o paradigma de Antígona, seria incorrer no incesto; não há possibilidade de desejo puro, muito menos para o desejo do analista. Conrad Stein fala de uma diferença entre o herói trágico e um sujeito de carne e osso: "A heroína trágica (no caso, Antígona) é um ser fictício, ela não saberia ter existência real; em sua autonomia ela é *idêntica* ao seu destino, e sua *identidade* (no registro do *ser*) não repousa sobre nenhuma *identificação* (no registro do *ser como*)".[290] Ser como alguém, ou portar o traço de alguém, é estar na transitividade que permite a mudança das formas. Hoje podemos ser diferentes de ontem, em uma multiplicação até certo ponto otimista das capacidades identificatórias de alguém. É diferente de ser na intransitividade, que Stein aproxima da situação de narcisismo originário proposta por Freud. Antígona, na realização de seu destino trágico, restauraria o estado que entronizou a figura de Sua Majestade, O Bebê, projeção restauradora do narcisismo parental que tem o seguinte objetivo: afastar da criança "doença, morte, renúncia ao gozo, restrição da vontade própria (...) (Até) as leis da natureza e da sociedade hão de cessar perante ela".[291]

Para Stein, é preciso diferenciar a saída trágica que é a da tragédia e uma saída do trágico que é freudiana. Esta seria correlata às construções em análise, pedaço memorialisto-ficcional que envolve na sua tessitura o trabalho de luto. Luto "de um ser que não saberia ter uma existência real, luto ao fim do qual um sujeito advém na ascensão ao simbólico".[292] Luto, portanto, de nossa ficção ideal, de nossa crença em um eu ideal ao qual sempre desejaríamos retornar como o estado de gozo absoluto. Luto de uma situação governada pela intransitividade que só é possível como ficção (ou como grave

---

290. Stein, C. A travessia do trágico em psicanálise. Études Freudiennes, 35. P. 34.
291. Freud, S. Introdução do narcisismo. Obras completas. Amorrortu Editores, v. XIV, p. 88.
292. Stein. Op. cit., p. 46.

patologia psíquica). Evidentemente, esse luto articula-se com a castração, ameaça principal que forja as identificações mais espetaculares. Falar em identificação, como vimos, é fazer referência direta a uma renúncia, a uma perda. As identificações suportam o abandono do objeto e a possibilidade de vida além dele; elas essencialmente acontecem para que se realize esse abandono.

"A verdade do trágico reside na afirmação, fundadora, de uma perda irreparável. Perda que retorna, por sua vez, nos momentos em que o tempo se dilacera e se suspende."[293] O retorno da perda, jamais do objeto perdido (ilusão que teríamos de atribuir a outro estado), devolve uma condição de absoluta inexorabilidade. A condição de ser mortal reencontrada (tenta-se evitar que o bebê padeça essa ameaça, o que é um reconhecimento explícito dela), apesar de não-inscrição da morte no inconsciente, devolve a argumentação psicanalítica às épocas gregas. Não é possível sustentar o estado originário além de uma brevidade imperceptível.

Freud, em Além do princípio do prazer, fala de uma seriedade trágica com que a criança investiga todo começo, ou seja, as condições de sua vinda ao mundo.[294] É demasiadamente humano perguntar pela origem. Nessa busca tentamos reencontrar uma identidade, aquela que tanto prazer proporciona o relato igual de uma mesma história, como se o tempo tivesse se detido, e pudéssemos respirar o alívio do encontro com o idêntico. Imaginariamente, nada mudou.

"Entretanto, a identidade – o funcionamento e os registros (diferentes e complexos) das identificações – não remete um sujeito a si mesmo."[295] Identidade é um conceito que está fora do campo psicanalítico. Se pensamos em identificações, jamais poderíamos conceber a idéia de identidade. Algo só pode coincidir consigo mesmo se não estiver aberto à história, se estiver aprisionado em um estado originário, ou marcado em demasia por ele. Estado de narcisismo originário que nunca deixa de nos habitar como possibilidade e que faz a junção entre desejo de retorno, desejo em geral e tragédia em psicanálise.

"Estamos indo sempre para casa", escreve Raduan Nassar.[296]

No entanto, esse escorraçamento da idéia de identidade tem de sofrer reparos. Vimos na análise de Édipo Rei que a busca da

---

293. Guyomard. Op. cit., p. 63, nota 26.

294. Freud. Op. cit., p. 21.

295. Guyomard. Op. cit., p. 89.

296. Nassar, R. Lavoura arcaica. São Paulo: Companhia das Letras, 1993, p. 36.

identidade carrega a personagem para sua perdição, justamente porque o leva de volta à sua origem, aos seus assuntos de família. Ele, por mais identificações que portasse pelos seus anos vividos, *nunca* deixaria de ser idêntico ao que foi: filho maldito, parricida e incestuoso. Iniciamos uma análise tentando tratar da identidade, desse pedaço inamovível de nós, marcada pelos laços apertados da família ou de suas derivações em uma escala maior. E acabamos por encontrar, com a travessia da análise, não a identidade, mas identificações que nos liberam de uma só imagem identitária. Fazendo-nos oscilar mais e melhor, elas coexistem (esta também é a sua tragédia, uma convivência dos velhos com os novos tempos), em um horizonte distante mas que pode se aproximar, com este "lar" do idêntico, nossa primeira morada psíquica. O jogo tenso não pára de ser jogado e a tentativa de desterrar o idêntico instaurado pelo originário só pode ser parcialmente vitoriosa.

Antígona e Creonte ilustram as armadilhas aprisionantes que o discurso vindo do originário é capaz. Creonte envolve-se nessa batalha perdendo a perspectiva do lugar que ocupa ante a cidade. Pagará com a vida do filho por isto. "O cara-a-cara entre os dois faz Creonte cair na captura identificatória daquela que o fascina e a quem ele tem de se opor."[297]

Ele se liberta, tarde demais, por meio da conversa com Tirésias, que introduz uma diferença terceira na disputa dual que estava sendo travada. Creonte, a partir disso, consegue desidentificar-se; consegue sair do lugar do idêntico que aproximou os dois contendores para fazer a história continuar, encerrando literalmente o domínio, de rápida duração, duração trágica, da emergência do originário na superfície da vida. Às vezes, o incestuoso latente e profundo volta a habitar as camadas externas do eu.

Mannoni fala que a única possibilidade de saída de uma identificação inconsciente é a desidentificação consciente.[298] Movimento de revés àquele que formou o eu, que o estratificou em camadas que formam a imagem freudiana da cebola, a desidentificação é facilitada no processo de análise. E, podemos pensar, ela abre caminho para que outras identificações possam ocorrer. Segundo Mannoni, as desidentificações também formam o eu, pois fazem parte do mesmo

---

297. Idem, p. 82.
298. Mannoni. Op. cit., p. 63.

movimento: as identificações, raramente sendo totais, vão embora sucessivamente para que outras possam advir.

O interessante é seu momento de ocorrência: ele parece dar-se de chofre, no tempo do *insight*, momento de concluir, que podemos ver tanto na tomada de consciência de Édipo[299], como no golpe firme do cutelo das peças gregas[300] ou do exemplo da queda do edifício de Rosset.[301] Antes era uma coisa, depois é outra e a análise vai detalhar esse processo crescente de conscientização. Entra em jogo aqui a questão do tempo da narrativa desse gênero que o diferencia de outros. Há algo preparatório para esses momentos mas a percepção deles tem esse impacto, sempre mais marcante que aqueles de qualquer diluição temporal.

Talvez seja hora de voltarmos aos casos clínicos do segundo capítulo. JOÃO, maravilhado com a possibilidade de ser outra coisa que não aquilo que possui, afasta-se, *em parte*, de um caminho de identificação muito estreito, para abrir-se para uma situação na qual pode haver conflito de identificações.[302] Uma identificação muito cerrada à figura do pai, uma figura de pai provavelmente observada em outras casas, já que na sua não havia esse modelo, impede que haja um certo *continuum* entre os movimentos de desidentificação e de identificação. E esse modelo nem precisaria ser observado: o desejo de uma figura protetora nos acomete a partir da percepção de um desvalimento, de uma insuficiência nossa perante as exigências da

---

299. Diz Édipo:
"Ai de mim! Ai de mim! As dúvidas desfazem-se!
Ah! Luz do sol. Queiram os deuses que esta seja
a derradeira vez que te contemplo!"
Sófocles. Édipo-Rei. V. 1.387, p. 82.
O golpe que furará os olhos é dado de chofre, em um impulso. O antes e o depois se juntam perceptivelmente: algo mudou e isto é visível (Rosset). Na conclusão de sua pesquisa, Édipo percebe que olha a luz. Não ocorre tão freqüentemente lembrarmos disto: a luz nos facilita o olhar e isto se automatiza. Olhar a luz é olhá-la a partir da escuridão. A casa do incesto é escura.
O coro, em seguida à saída de Édipo, com a rubrica "lento e triste" diz:
"Com teu destino por paradigma,
desventurado, mísero Édipo,
julgo impossível que nesta vida
qualquer dos homens seja feliz!"

300. Cf. Loraux, N. Maneiras trágicas de matar uma mulher.

301. Rosset. Op. cit.

302. Mezan, R. Aula 4 do curso A Psicanálise entre-guerras: 1919-1939. PUC-SP, 1997. Mimeo, p. 58.

vida. Uma identificação que não se move é algo que passa a funcionar identicamente, que é imediatamente reconhecido como o *idêntico*. Os outros reconhecem e nós mesmos, por meio deles, certificamo-nos que estamos no mesmo lugar. Isso é passaporte no país do sintoma. O idêntico parece firmar algo de originário e passa a fazer oposição ao movimento identificatório. Claro, tudo isso é ilusório, mas ilusão que tenta fabular uma parada nas coisas do tempo. O que não é ilusória é a configuração sintomática que nasce dessas fontes. Quem sabe, não saindo deste lugar na ausência do pai, ele voltasse e JOÃO poderia, sem ter perdido sua infância nessa angústia, seguir vivendo como se nada tivesse acontecido ou faltado?

Em todo caso, na possibilidade de ser algo que ele não tem necessariamente, ele pode também estar mais permeável ao movimento inconsciente das identificações, das coisas do mundo, e foi um pouco isto que ocorreu em sua análise a seguir: o assunto pai esvaziou-se e ele pode sofrer o processo transferencial que sempre propõe uma sucessão de *diferentes* lugares habitáveis para analisando e analista.

Sempre há uma situação de assédio a esses lugares. Uma vez conquistados, começamos, quase imediatamente, a perdê-los. Isso é um ponto de vista trágico. A discussão de Piera Aulagnier dessas questões pode auxiliar-nos mas ela ficará aqui apenas como sugestão para continuar.

CARLA, em situação de paixão, também faz a sua tentativa de deter o tempo. Aliás, o luto de qualquer situação almeja inconscientemente a preservação de um estado de coisas próximo ou anterior ao desfecho que inicia sua trajetória de dor e rearranjo do mundo. O estado passional visa, algo originário, que não se desgaste no tempo da história. Ele é uma espécie de originário redivivo, situação de plenitude sentimental que nos conecta simultaneamente com a eternidade e com a efemeridade de nossa condição. As neuroses de transferência também freqüentam essas regiões. É possível falar de outra coisa nesses momentos?

Como analista, ao escutá-la, eu era uma espécie de mastro ao qual ela recorreu depois de quase ter-se afogado nadando em direção ao canto das sereias. O mastro não havia sido pensado prévia e estrategicamente. É apertada a posição em que só se pode vergar um pouquinho porque o vento assim o exige. Nenhum movimento de grande envergadura pode ser feito, pois isto poria a correr em fuga o náufrago que anseia por terra firme. Acolhida nessa nau, aos poucos, ela pôde ver a mudança da paisagem, conforme continuávamos a singrar. Aos poucos fala de outro ritmo diferente daquele da paixão. As águas acalmam-se, mas o marujo não as esquece. Sabe que sobreviveu a elas e, com relutância, agarra-se ao movimento da vida.

VERA, de maneira mais evidente, habita o originário. A possibilidade de novas identificações parece cerrada. Seria interessante pensar em uma trava inconsciente que consegue deter de fato esse movimento histórico do eu. Como isso é possível? Que grandes frustrações os objetos propiciaram a ponto de o caminho em direção a eles e a volta desse movimento ficarem impedidos? Com insistência dela e de minha parte em sua análise, depois de dois anos e tanto de regularidade nas sessões (ela vinha de uma situação confusional é bom lembrar), este caminho abre-se: mas, para repor a mesma confusão, reviver a experiência traumática, para repetir a forma de investimento no outro que resulta em nenhum deslocamento de posições tanto dela como de minha parte enquanto suporte de movimentos identificatórios. O *idêntico* instala-se como uma grande prisão, uma casa de horror.

Tudo o que está escrito aqui serviria para dizer que a travessia do trágico em análise, título deste trabalho que é igual àquele de Conrad Stein[303], é inexorável para cortar a situação incestuosa e balizar suas manifestações perenes que nos acometem depois desse corte inicial. Isso significa o advento do sujeito ao Simbólico, à história, às oscilações pendulares das identificações entre o mesmo e o outro, o Outro.

Faltaria ainda um comentário breve, que aponta outra dimensão trágica presente na sessão de análise. Já mencionado por Stein, ele diz respeito ao analista. E a uma dimensão trágica do ofício que também parece caminhar como a história desse gênero teatral: de vez em quando, abertamente, ela se torna manifesta, mas opera como princípio dia e noite.

Falo do envolvimento do analista no jogo de identificações do paciente. Às vezes de maneira inescapavelmente inconsciente, outras tentando ajustar-se a uma situação para poder acompanhá-la de perto, o analista "assume" certos lugares dos quais terá de sair em seguida. Investidos pela transferência, percorremos esses lugares sofrendo identificações e desidentificações. Quando a situação é próxima demais, hiperinvestida, o que não é incomum para as coisas da análise funcionarem, é um intenso trabalho de luto que se configura a cada

---

303. O projeto já estava aprovado na PUC-SP quando a Études Freudiennes fez seu colóquio.

mudança de lugar. Especialmente no fim de situações em que quase bastava estar para que a análise acontecesse.

Há em todo esse movimento uma experiência de efemeridade que não é simples, muito menos sem conseqüências. Algo de trágico se desenha, pois a instabilidade de qualquer tempo presente gera interrogações sobre o futuro. Não nos acostumamos facilmente à transitoriedade das formas.

Serge Viderman escreve sobre a ambigüidade trágica da interpretação[304], o risco que ela implica e "sem o qual não há existência intelectual que valha". Para ele, "a tragédia da interpretação – e o drama do analista – é que ele é única medida das verdades que enuncia. Fraca garantia para uma coisa tão grande".[305] Mas é somente no ato de interpretar que o analista atinge a singularidade daquilo que pratica.

A interpretação acontece no meio disto que caracterizamos como um lugar de passagem, com múltiplas e precárias durações. É conveniente não exagerar romanticamente essa transitoriedade e tornar o analista um herói, mas também não convém esquecê-la na caricatura de um desempenho apenas técnico, que não tematiza seu desejo, esquecido que está de seu contexto quase mítico, cosmogônico. Esse esquecimento é grávido de conseqüências para quem está em vias de fazer sua travessia analítica. Embora a cidade exija comportamentos compatíveis para cada um de nós, o psicanalista não é um normatizador, ele não legisla. Outra tarefa lhe cabe: aquela de acolher o que a cidade rejeitou, que se situa na posição entre o originário incestuoso e o presente repressivo da história. É possível equacionar algo aí: cada análise vai dizê-lo ou não. Necessariamente uma será diferente da outra.

Tudo isso, contudo, tem efeito contagioso. A situação da peste em Tebas convoca efetivamente uma intervenção de ordem terapêutica: atravessar a busca que cura é uma aposta no futuro. Porém, quem procura o que quer encontra o que não quer e as intenções são subvertidas pelo que poderíamos chamar de verdade. A análise metaforiza-se no movimento entre identificações: ela literalmente muda de lugar nessa idéia que compreende representação e afeto, encenação e entusiasmo.

---

304. Viderman, S. O sentimento trágico da interpretação. Major, R. (Org.) <u>Como a interpretação vem ao psicanalista</u>. Trad. Mirian Magda Gianella. São Paulo: Escuta, 1995, p. 201.
305. Idem, p. 213.

Conclusão

A tragédia devolve a psicanálise a uma situação originária. Pelo tanto que falamos de paixão e luto, pode ver-se que as coisas aqui ficam com menos nuances, com mais cores brutas, sem meios tons. Não funcionamos assim todo o tempo, mas o fazemos de tempos em tempos. A análise convida a esse "comportamento", encoberto em demasia pelo véu da permanência com o qual, imaginariamente, velamos nosso cotidiano. E, como vimos, a tragédia fala da transitoriedade de todas as formas.

Estamos em uma certa região do espírito que se localiza perto de onde tudo começou. Daí ser impossível não estender todas as questões aqui elaboradas ao infantil que nos determina de maneira radical. Certo, ele também é uma "ficção afetivamente carregada", como Freud cunhou a noção de fantasia em sua famosa carta 69 a Fliess, e, portanto, passível de muitas interpretações. O essencial é a análise acolhê-lo preferencialmente, indicando um lugar emblemático da origem. Este, por suas características próprias, só comporta afetos que chamaríamos de absolutos, paixões como o amor e o ódio, que advêm ao sujeito como uma espécie de trombada com o destino.

É pela experimentação dessa carga afetiva que podemos iniciar então o longo percurso identificatório. Aproximamo-nos da identificação pela via afetiva, que levará inevitavelmente ao caminho das representações.

João Frayze-Pereira sugere que este caminho não é visível como sucessão quase geográfica de pontos distintos. Ele é bem mais constituído de "vertigem e estranhamento", com um conseqüente distanciamento da origem, seja ela o que for em termos ficcionais afetivos. O surpreendente é esse estado originário nunca nos abandonar, ser sempre reconhecível, reduzindo-nos tragicamente à nossa origem quando as condições propícias se fazem presentes.

A volta ao tempo trágico é inescapável, se é que de fato alguma vez saímos dele. Mas, parece diferente voltar a ele, reassumindo, portanto, o lugar do herói protagonista, tendo passado pela experiência de coreuta (analista, aquele que fez/faz sua análise ou a do outro), que permite alguma contraposição ao fluxo originário dos afetos.

BIBLIOGRAFIA

Anuário Brasileiro de Psicanálise. Número 3. 1995.

ARISTÓFANES. As Nuvens. Trad. Mário da Gama Kury. Rio: Zahar, 1995.

ARISTÓTELES. La Poétique. Trad. Roselyne Dupont-Roc e Jean Lallot. Paris: Seuil, 1980.

ASSOUN, P.-L. Freud e Nietzsche – Semelhanças e Dessemelhanças. Trad. Maria Lúcia Pereira. São Paulo: Brasiliense, 1991.

CARVALHO, B. Para White, história recalcou poesia. Folha de S. Paulo. 11/09/94.

CESAROTTO, O. (Org.) Idéias de Lacan. São Paulo: Iluminuras, 1995.

CINTRA, E.M.U. "Escravidão, histeria e recalque: notas a uma obra de Alfredo Naffah. Percurso. N. 14, 1995.

DELCOURT, M. Oedipe ou la légende du conquérant. Paris: Les Belles Lettres, 1981.

DETIENNE, M. Dioniso a céu aberto. Trad. Carmem Cavalcanti. Rio: Zahar, 1988.

DODDS, E.R. Os Gregos e o irracional. Trad. Leonor Santos B. de Carvalho. Lisboa: Gradiva, 1988.

ÉSQUILO. Oréstia. Trad. Mário da Gama Kury. Rio: Zahar, 1991.

_____ Os Persas. Trad. Mário da Gama Kury. Rio: Zahar, 1992.

_____ Prometeu acorrentado. Trad. Mário da Gama Kury. Rio: Zahar, 1993.

EURÍPEDES. As Bacantes. Trad. David Jardim Júnior. Rio: Ediouro, 1988.

Études Freudiennes. N. 35. L'inconscient, l'inceste et la dimension du tragique en psychanalyse. Paris: Études Freudiennes, 1994.

FERRAZ, M.C.F.. Nietzsche O Bufão dos Deuses. Rio: Relume Dumará, 1994.

FRAISSE, J.-C. Philia – La notion d'amitié dans la philosophie antique. Paris: Librairie Philosophique J. Vrin, 1984.

Freud, S. Totem y Tabu. El Malestar en la cultura. Obras Completas. Trad. Luis Lopez-Ballesteros y de Torres. Madri: Bibioteca Nueva, 1973.

_____ Introducción del narcisismo. Obras completas. Trad. José L. Etcheverry. Buenos Aires: Amorrortu Editores, 1976.

_____ Psicología de las masas y análisis del yo. Obras completas. Trad. José L. Etcheverry. Buenos Aires: Amorrortu Editores, 1976.

_____ El yo y el ello. Obras completas. Trad. José L. Etcheverry. Buenos Aires: Amorrortu Editores, 1976.

GARCIA-ROZA, L.A. Acaso e repetição em psicanálise. Rio: Zahar, 1986.

GONDAR, J. Os tempos de Freud. Rio: Revinter, 1995.

GREEN, A. Un Oeil en trop. Paris: Minuit, 1969.

Guyomard, P. La Jouissance du tragique. Paris: Aubier, 1992.

_____ O Gozo do trágico. Antígona, Lacan e o desejo do analista. Trad. Vera Ribeiro. Rio: Zahar, 1996.

HENRY, M. A Morte dos deuses. Trad. Antonio José Silva e Sousa. Rio: Zahar, 1985.

HOLDERLIN, F. Reflexões. Trad. Maria C. de Sá Cavalcante e Antonio Abranches. Rio: Relume-Dumará, 1994.

HOMERO. Odisséia. Trad. Carlos Alberto Nunes. Rio: Ediouro, s/d.

JAEGER, W. Paideia. Trad. Artur M. Pereira. São Paulo: Herder, 1936.

KLEIN, M. O Sentimento de solidão. Trad. Paulo Dias Corrêa. Rio: Imago, 1975.

LACAN, J. O Seminário – Livro 2. O eu na teoria de Freude e na técnica da psicanálise. Trad. Marie Christine Laznik Penot. Rio: Zahar, 1985.

_____ O Seminário – Livro 7. A ética da psicanálise. Trad. Antônio Quinet. Rio: Zahar, 1988.

LAPLANCHE, J. A sublimação. Trad. Álvaro Cabral. São Paulo: Martins Fontes, 1989.

LAPLANCHE, J. & PONTALIS, J.-B. Vocabulário da psicanálise. Trad. Pedro Tamen. São Paulo: Martins Fontes, 1967.

LESKY, A. A Tragédia grega. São Paulo: Perspectiva, 1990.

LORAUX, N. Maneiras trágicas de matar uma mulher. Trad. Mário da Gama Kury. Rio: Zahar, 1988.

MACHADO, R. Nietzsche e a verdade. Rio: Rocco, 1985.

MAJOR, R. Como a interpretação vem ao psicanalista. Trad. Mirian Magda Gianella. São Paulo:Escuta, 1995.

MANN, T. Ensaios. Trad. Natan Robert Zins. São Paulo: Perspectiva, 1988.

_____ Morte em Veneza. Trad. Eloísa Ferreira de Araújo Silva. Rio: Nova Fronteira, 1984.

MANNONI, O. Le Moi et l'autre. Paris: Denoël, 1985.

_____ Ça n'empêche pas d'exister. Paris: Seuil, 1982.

MEICHES, M. Uma Pulsão espetacular. São Paulo: Escuta, 1997.

MEZAN, R. Freud, pensador da cultura. São Paulo: Brasiliense/CNPq, 1985.

_____ A Vingança da Esfinge. São Paulo: Brasiliense, 1988.

NAFFAH, A. O Inconsciente como potência subversiva. São Pualo: Escuta, 1992.

_____ A psicoterapia em busca de Dioniso. São Paulo: Escuta/Educ, 1994.

_____ O sentido das mortes e transmutações n'O Anel dos Nibelungos: as múltiplas máscaras de Wotan. Mimeo, 1995.

NASIO, J.D. Os 7 conceitos cruciais da psicanálise. Trad. Vera Ribeiro. Rio: Zahar, 1989.

NASSAR, R. Lavoura arcaica. São Paulo: Companhia das Letras, 1993.

NIETZSCHE, F. O Nascimento da Tragédia. Trad. Jacó Guinsburg. São Paulo: Companhia das Letras, 1992.

_____ Lo que debo a los antiguos. In Obras Completas. Trad. Eduardo Ovejero y Maury. Buenos Aires: M. Aguilar, 1949, v. X.

NOVAES, A. Ética. São Paulo: Companhia das Letras, 1994.

PERELSON, S. A Dimensão trágica do desejo. Rio: Revinter, 1994.

PESSOTTI, I. Vantagens do turismo temporal. Folha de S. Paulo. 11.09.1994.

PLATÃO. Oeuvres Complètes. Trad. Léon Rubin. Paris: La Pléiade, 1950.

ROMILLY, J. Patience, mon coeur!. Paris: Les Belles Lettres, 1991.

ROSENFELD, H.K. Palavra pescando não-palavra: a metáfora na interpretação psicanalítica. Dissertação de mestrado. PUC-SP, 1996.

ROSENFIELD, K. H. O que faz o bode (tragos) na "psicanálise trágica"? Mimeo, 1995.

ROSSET, C. La Philosophie tragique. Paris: Quadrige/PUF, 1960.

_____ Lógica do pior. Trad. Fernando J. Fagundes Ribeiro e Ivana Bentes. Rio: Espaço e Tempo, 1989.

Roudinesco, E. Jacques Lacan. Paris: Fayard, 1993.

SARAMAGO, J. Ensaio sobre a cegueira. São Paulo: Companhia das Letras, 1995.

_____ História do cerco de Lisboa. São Paulo: Companhia das Letras, 1989.

SÓFOCLES. Ájax. Trad. Mário da Gama Kury. Rio: Zahar, 1993.

_____ Filoctetes. Trad. José Ribeiro Ferreira. Coimbra: Inic, 1988.

_____ A trilogia tebana. Trad. Mário da Gama Kury. Rio: Zahar, 1989.

VERNANT, J.-P. A Morte nos olhos. Trad. Clóvis Marques. Rio: Zahar, 1988.

VERNANT, J.-P. e VIDAL-NAQUET, P. Mito e tragédia na Grécia antiga. Trad. Anna Lia de A. Prado et alli. São Paulo: Duas Cidades, 1977.

_____ Mito e tragédia na Grécia antiga. Trad. Bertha Halpern Gurovitz. São Paulo: Brasiliense, 1991.

VEYNE, P. Acreditaram os gregos nos seus mitos? Trad. António Gonçalves. Lisboa: Edições 70, 1987.

ZYGOURIS, R. Ah! As belas lições!. Trad. Caterina Koltai. São Paulo: Escuta, 1995.

_____ Pulsões de Vida . Trad. Caterina Koltai. São Paulo: Escuta, 1999.